La foudre et les cendres

Du même auteur

Marion Maréchal. Le fantasme de la droite, Éditions du Rocher, 2020.

L'Étrange victoire. Macron II, l'histoire secrète, avec Agathe Lambret, Éditions de l'Observatoire, 2022.

Louis Hausalter

La foudre et les cendres

Macron, les secrets d'une succession interdite

Éditions de L'Observatoire

ISBN : 979-10-329-3736-5
Dépôt légal : 2025, octobre

170 *bis*, boulevard du Montparnasse, 75014 Paris

À Malou,
grand-mère d'un enthousiasme ardent,
ma première supportrice
lorsque je rêvais de ce métier,
partie dans la paix cet hiver 2025.

« Ils allaient obscurs, dans la nuit solitaire à travers l'ombre et à travers les demeures vides et le vain royaume de Dis : tel, le chemin qu'on fait dans les bois, par une lune incertaine, sous une méchante lumière, quand Jupiter a enfoui le ciel dans l'ombre et que la sombre nuit a enlevé aux choses leur couleur. »

Virgile, *Énéide*
Traduction M. Rat,
GF-Flammarion, Paris, 1965.

Avant-propos

Ce qui est pratique, avec les fins de règne des présidents de la Ve République, c'est qu'elles répondent aux canons de la tragédie classique. Le sort du personnage principal est scellé. Il est condamné d'avance par le destin. La pièce consiste donc à le voir se débattre face à l'implacable hostilité des événements, entre des ennemis sans pitié et quelques derniers amis compatissants.

C'est ce qui arrive à Emmanuel Macron à l'approche de la fin de son second quinquennat. Depuis 2022, le chef de l'État est entré dans le club très restreint des présidents réélus, celui des Charles de Gaulle, François Mitterrand et Jacques Chirac. Apothéose. Mais comme eux avant lui, il est confronté aux affres du crépuscule : le pouvoir qui s'évapore, les courtisans qui prennent congé, les rivaux qui préparent la suite. Apocalypse.

La différence, c'est que la fatalité qui frappe ce jeune président n'est pas l'âge ni la maladie, mais la règle de droit. La Constitution lui interdit de briguer un troisième mandat consécutif, même si elle n'exclut pas une tentative ultérieure de retour. Mais Emmanuel Macron a accéléré sa propre malédiction par une décision spectaculaire et toujours incomprise. Avec la dissolution de 2024, il a annihilé ses marges de manœuvre et placé au bord de l'abîme une force politique qu'il avait pourtant construite de toutes pièces. Ces quinquennats qui se voulaient bâtisseurs s'achèvent dans une effarante atmosphère d'autodestruction.

Il y a la petite tragédie et la grande. La foudre de la dissolution a enflammé un paysage politique qui s'est alors révélé sous son pire jour : un fatras de calculateurs court-termistes et individualistes, incapables de composer pour servir l'intérêt général. Reste une inquiétante odeur de cendre chez une classe dirigeante consumée par sa propre inconséquence et dans un pays guetté par le désordre économique, social, sécuritaire et identitaire.

Les petits rebondissements ont pour toile de fond un grand affaissement. La France fait du surplace pendant que les grandes puissances accélèrent. Alors elle décroche, tandis que ses dirigeants mentent et se mentent. Ils sont comme cette aristocratie russe dépeinte par Tchekhov dans *La Cerisaie*. Ruinée, elle bavarde futilement sans comprendre que sa propriété sera vendue et ses beaux arbres abattus. Aux yeux d'un grand nombre de Français, la fin de l'ère Macron rime avec désillusion. Celle d'un pays qui a pu croire en un sursaut et ne peut que constater qu'il s'enfonce dans le chaos.

Comme les personnages raciniens, nos politiques, Emmanuel Macron en tête, semblent confrontés à des forces qui les dépassent. Il est vrai que le fracas des bouleversements mondiaux dessine un nouveau monde aux contours incertains, sur lequel ils peinent à avoir la moindre prise. Mais encore faut-il prendre conscience du changement de paradigme. Dans son essai *L'Heure des prédateurs*[1], le politiste Giuliano da Empoli rappelle l'observation du contre-révolutionnaire Joseph de Maistre à la marquise de Costa : « Il faut avoir le courage de l'avouer, madame : longtemps nous n'avons point compris la révolution dont nous sommes les témoins ; longtemps nous l'avons prise pour un *événement*. Nous étions dans l'erreur : c'est une *époque*. »

Les chambardements qui agitent la planète et frappent à notre porte, laissant notre classe politique interdite, ne sont pas que des secousses de l'actualité. Ils dessinent un temps nouveau, dans lequel les anciennes règles du jeu sont caduques. Charles Péguy fait écho à cette distinction lorsqu'il écrit dans *Clio* (1917) qu'il existe « des périodes et des époques ». Emmanuel Macron a bien tenté d'inaugurer un « nouveau monde » lorsqu'il est arrivé au pouvoir en 2017. Mais la France qu'il laissera n'est pas celle qu'il a décrite en exposant ses grands desseins. À l'échelle de notre pays, l'ère Macron pourrait plutôt rester comme ce clair-obscur chaotique où l'on passe d'un monde à un autre, sans distinguer quelle est cette nouvelle époque qui nous attend.

1. Gallimard, 2025.

Puisque nous semblons réduits à l'impuissance, et en attendant un hypothétique sursaut, il nous reste à contempler le spectacle de ce pouvoir en déréliction, avec ses personnages qui s'agitent en tous sens et ses scènes stupéfiantes, affligeantes et parfois drolatiques. Comme toujours en politique, à la tragédie se mêlent des accents de comédie. La pièce commence.

1

Lendemain de cuite

« Le lundi je suis comme Robinson Crusoé, j'attends Vendredi. »

Pierre Desproges

Sent-il déjà qu'il a commis l'irréparable ? Le retour sur terre est violent pour Emmanuel Macron, ce soir du lundi 10 juin 2024. Vingt-quatre heures plus tôt, le président annonçait la dissolution de l'Assemblée nationale. Il déclamait devant la caméra, l'air plus habité que jamais : « Cette décision est grave, lourde, mais c'est avant tout un acte de confiance. »

Confiance ? C'est une atmosphère tout inverse qui règne à l'Élysée le jour d'après, alors que Macron reçoit pour un dîner de travail les principaux leaders des forces qui composent sa majorité. Composaient, plutôt, puisqu'il vient de foudroyer lui-même son propre camp. Le rendez-vous était fixé à 20 h 45. Édouard Philippe, François Bayrou et Gabriel Attal sont là. Officiellement, l'ordre du jour est opérationnel. Il s'agit de se mettre en ordre de marche pour la campagne express qui s'annonce : le premier tour est dans seulement trois semaines.

Mais la discrète réunion va tourner à la dure explication. Avec les manières feutrées qui conviennent, bien sûr. On est sous les dorures de la République et on parle à son président. Mais, même à mots couverts, les convives n'hésitent pas à mettre Emmanuel Macron au supplice. On dirait Oreste poursuivi par les trois Furies après avoir commis le matricide fatal. Le secrétaire général de l'Élysée, Alexis Kohler, qui assiste à la réunion, le glissera en sortant : « C'était très violent. »

Édouard Philippe est le plus remonté contre la décision présidentielle. Il élève rarement la voix, mais il a des colères froides, qu'on décèle facilement quand il parle en agitant la tête ou en tapant du pied. À l'ancien lieutenant d'Alain Juppé, cette dissolution rappelle furieusement celle de Jacques Chirac en 1997. « C'est un instrument qu'on doit utiliser à chaud, pour répondre à une crise. Pas à froid », considère-t-il. Ce coup de sang de Macron est tellement l'inverse du tempérament de Philippe, lui le conseiller d'État froid, rationnel, méthodique.

Puisque le mal est fait, il faut bien faire campagne. Mais sans Emmanuel Macron, tente de faire comprendre Édouard Philippe à l'intéressé, devenu plus que jamais un repoussoir. Il n'hésitera pas à le dire publiquement dès le lendemain, sur BFMTV : « Je ne suis pas sûr, pour être honnête, qu'il soit complètement sain que le président fasse campagne... »

François Bayrou peut plus difficilement critiquer la décision de dissoudre. Il était favorable au principe, l'a dit au président, même s'il imaginait ce coup de poker intervenir plus tardivement, après l'été. En revanche, sur le fait qu'il soit préférable qu'Emmanuel Macron se tienne en retrait, il est d'accord avec Édouard Philippe, une fois n'est pas coutume.

« Il faut démacroniser la campagne », lance-t-il tout de go – une formule déjà rodée devant ses propres troupes l'après-midi. Le président pense pouvoir renverser la dynamique en comptant sur son image personnelle. De la folie furieuse, aux yeux de Bayrou, qui s'alarmera d'un tel aveuglement auprès de ses proches : « Il n'a plus ses capteurs, il s'est coupé de l'opinion. »

Gabriel Attal, lui, ne dit pas grand-chose. Mais tout dans son expression dit le fond de sa pensée. Son visage fermé. Ses regards furieux. Ses mâchoires serrées. C'est un problème, d'ailleurs : son langage corporel ne sait pas mentir. Il est encore groggy du coup de massue reçu la veille. La première victime, c'est lui, flamboyant Premier ministre nommé cinq mois plus tôt et qui aimait tant la vie à Matignon. On vient de lui couper les ailes, et il n'a pas fini d'avoir mal.

De toute façon, Attal a déjà dit son fait à Macron au cours d'un tête-à-tête qui a eu lieu plus tôt, à 18 h 45. Lui aussi veut mettre le président hors jeu, puisqu'il a demandé à mener la campagne qui commence. C'est peut-être la première et la dernière fois qu'ils se sont parlé franchement. Plus tard, Attal fera volontairement des mystères sur ce rendez-vous. Il ne racontera pas les détails, se contentant d'afficher un sourire gourmand. Sans doute en donnera-t-il sa version un jour.

Ce lundi noir, Gabriel Attal l'a passé au château de Souzy-la-Briche, dans l'Essonne, ce lieu de villégiature que la République met à la disposition de ses Premiers ministres. Seul. Il songe alors à claquer la porte, laisse planer le suspense de longues heures. Pendant toute la journée, ses conseillers se barricadent, ne répondent plus aux appels. Puisque c'est une tragédie qui vient de commencer, autant ajouter au drama.

Emmanuel Macron, lui, s'est rendu à Tulle, où il a croisé François Hollande, puis à Oradour-sur-Glane, pour commémorer les massacres commis par les nazis. Quatre-vingts ans après la Libération, il poursuit son programme mémoriel, comme si de rien n'était. Interrogé par Carl Meeus du *Figaro Magazine*, il a tout de même dû se justifier sur sa santé mentale. Lui, fou ? « Pas du tout », s'est-il récrié. C'est pourtant ce qu'a tout de suite pensé une bonne partie du pays.

Ce même lundi matin, à l'Élysée, Alexis Kohler a réuni le cabinet présidentiel dans une ambiance pesante. Le bras droit du président explique alors longuement la décision, déroule un raisonnement par élimination. Un remaniement pour sanctionner le gouvernement ? Une coalition avec la droite pour élargir la majorité ? Un référendum pour qu'un scrutin chasse l'autre ? Rien du tout ? Aucune option ne répondait sérieusement à la situation, s'empresse-t-il de démontrer, débit rapide et ton implacable.

Macron a mis Kohler au parfum la semaine précédente, alors qu'il présidait les commémorations du débarquement de Normandie. Le secrétaire général n'a certes pas pour habitude d'afficher ses désaccords avec le président, mais ses subordonnés comprendront que lui, l'Alsacien austère et cartésien, ne s'est pas opposé à ce qui apparaît pourtant comme un coup de folie. Autour de la table, certains conseillers trouvent son argumentaire plus convaincant que les envolées lyriques d'Emmanuel Macron, la veille à la télévision.

C'est bien la seule chose qui les rassure ce jour-là. Au palais, où tout paraît en suspens, on sent un inquiétant climat d'improvisation. Ailleurs, c'est la panique ou la stupeur. Les macronistes ressemblent aux Troyens réalisant que leur ville est perdue. Le pays s'apprête à revoter tout en se demandant pourquoi on le lui demande.

Ces heures et ces jours qui suivent la dissolution ressemblent à un très douloureux lendemain de cuite. Seul le barman paraît encore en forme, lui qui s'obstinera jusqu'au bout à vanter la qualité de ses bouteilles. Pourtant, jamais le déluge de reproches n'a été aussi violent et aussi explicite. Emmanuel Macron vit déjà son purgatoire. Il est vrai qu'il n'avait qu'à pas se suicider, politiquement s'entend. Mais pour expier, encore faut-il avouer. Or, il ne comprend pas qu'on ne le comprenne pas. Décidément, l'enfer, c'est les autres.

Le président s'enferme dans le déni. Il n'admet jamais une erreur, alors une faute, vous pensez.

Il lui faudra du temps pour retrouver un peu de lucidité. Pour reconnaître, comme Socrate devant ses accusateurs lui reprochant d'avoir troublé l'ordre dans la cité : « Je sentais bien quelles haines j'assemblais sur moi ; j'en étais affligé, effrayé même. » Mais il ne boira jamais la ciguë. Pas question que l'on se passe de lui.

La sagesse lui est-elle à ce point étrangère ? Sa décision accélère un temps qui lui était pourtant compté. Elle précipitera brusquement le crépuscule qui commençait. Elle donnera un coup de fouet à ceux qui complotaient déjà pour prendre sa place. Elle inaugurera une période bien trop longue pendant laquelle la petite politique du quotidien laminera les grandes politiques de long terme. Le tout dans un pays en proie au doute et fragilisé de toutes parts.

À dire vrai, ce n'est pas la première fois qu'il se plante. Une succession de petites erreurs a précédé la grande. Pour tenter de comprendre l'incompréhensible, c'est cette histoire qu'il faut d'abord raconter.

2

« Tu le regretteras, Emmanuel »

> « Presque toujours, en politique, le résultat est contraire à la prévision. »
>
> Chateaubriand

Mai 2024. La France ignore tout de la tornade politique qui l'attend. Elle peine déjà à s'intéresser aux élections européennes, alors que tous les sondages annoncent un succès éclatant du Rassemblement national et une raclée pour le camp Macron.

Quinze jours avant le scrutin, une ambiance détendue a gagné la salle à manger située à l'avant de l'Airbus présidentiel. Emmanuel Macron revient du bout du monde et d'un bout de France. Il s'est rendu en Nouvelle-Calédonie, après les violentes émeutes provoquées par les crispations entre indépendantistes et loyalistes sur le dégel du corps électoral. Debout, un verre à la main, les membres de la délégation décompressent de ce voyage sous haute tension, sans compter l'épuisant décalage horaire.

Gérald Darmanin et Sébastien Lecornu tentent de faire bonne figure, mais ils sont vexés. Quand Emmanuel Macron a reçu les chefs des partis du FLNKS, le front indépendantiste, ceux-ci ont exigé que les deux ministres soient tenus à l'écart. Ils leur reprochent vivement leur gestion du dossier, alors que Darmanin est à l'Intérieur et que Lecornu a été ministre des Outre-mer. Le président a accédé à la demande. Mais Macron n'aime pas qu'on soit fâché avec lui. Alors, pendant le vol, il redouble d'attention pour les deux compères qui ont quitté Les Républicains pour lui après son élection en 2017.

La conversation glisse forcément sur la campagne des européennes. Darmanin et Lecornu sont comme les sondages : pessimistes. « Ça va être mauvais. » Macron secoue la tête. Il croit la *remontada* possible. Depuis le début, il pense que la liste Renaissance peut dépasser les 20 %. Il faut simplement tout donner, faire campagne par tous les moyens. Il ajoute : « J'ai nommé ce gouvernement pour ça. »

La phrase claque comme un avertissement. La réalité, c'est qu'à ce moment-là, Emmanuel Macron est depuis longtemps en furie contre Gabriel Attal. Certes, le président a toujours peiné à se couler dans le fonctionnement du duo exécutif prévu par la Ve République. Avec chacun de ses Premiers ministres, si l'on excepte le cas de Jean Castex, la relation de confiance s'est rapidement érodée. Mais avec Attal, c'est pire : elle n'a jamais commencé.

Au début de l'année, le président était pourtant très content de lui. Il a surpris son monde en propulsant à Matignon le jeune prodige de la macronie. Quand il dégaine la carte Gabriel Attal, préféré au fidèle Julien Denormandie, reparti dans le privé depuis 2022, sa première raison n'est pas politique : il ne supporte tout simplement plus Élisabeth Borne. La seconde raison l'est : avant les européennes, il lui faut redonner du souffle à son dispositif, abîmé par une réforme des retraites passée au forceps et une loi immigration qui a failli faire exploser sa majorité déjà relative. La nomination d'Attal est un coup marketing pour redorer une marque. On remplace la tête de gondole en espérant que le client revienne en rayon.

Mais changer de Premier ministre juste avant une campagne, c'est risquer de se priver d'une cartouche après, en cas de défaite. Édouard Philippe, qui s'entend mieux avec Borne qu'avec Attal, ne comprendra jamais pourquoi Macron a commis une telle erreur. Le premier président de la Cour des comptes, Pierre Moscovici, s'en étonne aussi auprès d'Alexis Kohler, qu'il connaît bien puisque ce dernier fut membre de son cabinet quand il était ministre de l'Économie. « Vous allez faire 15 % aux européennes », avertit le socialiste. Le secrétaire général de l'Élysée réfute la prédiction et déroule le plan. Le président va faire campagne lui-même. Le Premier ministre servira d'animateur de l'équipe. Et puis, ça tombe bien, souligne-t-il très sérieusement : Attal n'a pas d'ambition pour 2027.

Quand Alexis Kohler appelle pour la première fois Gabriel Attal pour lui signifier qu'Emmanuel Macron pense à lui, le jeune premier est au comble de l'excitation, mais ne peut chasser l'ombre d'un doute. « Je ne corresponds pas vraiment au portrait-robot des Premiers ministres que le président apprécie », lâche-t-il, lucide. Lui à Matignon, on le verra partout, tout le temps, dans une frénésie d'images et de sons qui concurrencera forcément les apparitions présidentielles. Kohler le rassure : la période n'est pas la même, le président est dans un état d'esprit différent. « C'est un autre temps du quinquennat », lui assurera ensuite Macron en personne.

Avant chaque nomination d'importance, l'entourage présidentiel se divise. Comédie humaine classique. Mais dans le cas de Gabriel Attal, le tir de barrage est nourri. Le jeune homme dispose de quelques appuis à l'Élysée, à commencer par l'influent conseiller mémoire du président, Bruno Roger-Petit. Mais en dehors du palais, une vieille garde de grognards multiplie les avertissements sur le profil de l'intéressé. L'allié François Bayrou se fâche. « Je ne comprendrai jamais pourquoi il a fait ça », soupirera-t-il devant ses proches. Beaucoup pensent que les choses tourneront mal, mais peu osent lui dire cash, comme Richard Ferrand : « Tu verras, tu le regretteras, Emmanuel. »

L'avenir leur donnera raison encore plus rapidement qu'ils ne le pensent. Très vite, Emmanuel Macron s'agace de voir Gabriel Attal s'autonomiser, saturer l'espace médiatique, dicter l'agenda. Tout ce que déteste le président, qui lui reproche par ailleurs son manque d'efficacité, à commencer par la réponse laborieuse aux agriculteurs qui bloquent les autoroutes cet hiver-là. Il bondit d'autant plus, devant ses proches, quand il voit le Premier ministre parader fièrement au Salon de l'agriculture dans le calme, alors que lui a failli être empêché d'entrer la veille, quand des excités ont semé le chaos.

L'exaspération présidentielle comporte une part non négligeable de paranoïa. Macron est très vite persuadé qu'Attal et la petite équipe qui l'entourent se répandent en propos venimeux sur ses proches. En réalité, le Premier ministre craint le président. En public, il ne cesse de citer Macron et de se confondre en remerciements à son égard. En privé, il s'inquiète fébrilement de ce qu'on dit de lui à l'Élysée. Mais de mauvaises manières viennent aggraver son cas. La secrétaire particulière d'Emmanuel Macron s'étonne de ce Premier ministre qui fait appeler par son secrétariat pour annuler à la dernière minute un rendez-vous avec le président. Ce dernier n'est pas loin de penser, comme beaucoup de managers, que la jeunesse a décidément un rapport problématique à la hiérarchie.

Et puis il y a ces petites phrases distillées en petit comité par Attal sur le bilan pas fameux du président. Macron sursaute. À peine nommé, ce freluquet se permet déjà de dresser l'inventaire ?

Le fossé se creuse. Les mots doux fusent au premier étage de l'Élysée, celui du président, quand il parle de son Premier ministre. « Ce petit con... » Emmanuel Macron a l'impression d'être Orgon dupé par Tartuffe, alors qu'il l'a accueilli dans sa maison avec les honneurs. Ceux qui l'ont mis en garde triomphent en lui tenant à peu près ce langage, et tant pis pour la langue de Molière : *what did you expect ?*

La rupture est consommée quand Gabriel Attal refuse de débattre avec Jordan Bardella, la tête de liste RN largement favorite des européennes. Il doit finalement obtempérer sous la pression d'Emmanuel Macron, alors que Bardella a tranquillement dévoré à la télévision la malheureuse Valérie Hayer, illustre inconnue désignée tête de liste Renaissance.

Là se niche une grande méprise. Un jeu de dupes dont il est difficile de dénouer les fils. Écoutons la version de Gabriel Attal : « Quand j'ai été nommé Premier ministre, je me suis posé la question d'être tête de liste aux européennes. Mais le président m'a fait comprendre qu'il ne souhaitait pas que je m'implique davantage, car c'était un scrutin européen et il ne voulait pas en faire un scrutin national, sinon on lui demanderait des enseignements nationaux à la fin. Je me suis tout de même impliqué. Ça ne m'a jamais rebuté de faire campagne, j'aime bien ça[1]. »

Au fond, ce que raconte Attal après coup, c'est un jeu pervers de dissimulation : « Quand je reconstitue les choses a posteriori, je m'aperçois que tout de suite après ma nomination, le rapport que j'avais avec le président de la République n'était plus du tout le même qu'avant. Mais je ne l'ai jamais senti, parce qu'il ne me l'a jamais montré. » Une fois seulement, Attal parle à Macron de ces désagréables échos qu'il lit dans la presse, et qu'il soupçonne de venir de

1. Entretien avec l'auteur le 2 juillet 2025.

l'Élysée. Le président balaie : « C'est le jeu des entourages, n'y prête pas attention. »

Quoi qu'il en soit, Gabriel Attal ne voit rien venir. La vie à Matignon est si exaltante. Lui qui a souvent le cynisme des jeunes loups politiques s'émerveille de ces honneurs permanents, ces rencontres prestigieuses, ces cérémonies en grande pompe. Même si ses angoisses ne le quittent pas, alors que la pression monte sur le budget qui se profile à l'automne. Juste après les commémorations du 8-Mai, à Bruno Roger-Petit qui est monté dans sa voiture, il dit, presque enfantin :

« C'était mon premier 8-Mai ! Mais je ne sais pas si j'aurai un 11-Novembre...

— Mais si, tu l'auras ! »

On connaît la suite. Gabriel Attal sera le premier dommage collatéral de la dissolution. Et encore, collatéral, cela reste à voir. Car même sans ce séisme, la terre se serait probablement dérobée sous ses pieds. En ce printemps de guerre de tranchées, alors qu'il est encore loin d'avoir arrêté sa décision de dissoudre, Emmanuel Macron assène à un proche : « De toute façon, après les européennes, Attal ne sera plus là. »

3

Le péché d'orgueil

> « Lorsqu'on a la responsabilité de gouverner un peuple, on n'a pas le droit de le précipiter dans l'inconnu sous prétexte que c'est amusant de détruire et que ce qui viendrait ensuite pourrait être meilleur. »
>
> Georges Pompidou

Il y a des jours comme ça où tout se passe comme dans un conte de fées. Emmanuel Macron est à Bayeux, ce vendredi 7 juin 2024. Cela fait quarante-huit heures qu'il a entamé une intense tournée de commémorations des quatre-vingts ans du débarquement de Normandie. La veille, il a accueilli tous les dirigeants de ce qu'on appelait le monde libre, dont le président américain Joe Biden, pour une cérémonie grandiose à Omaha Beach. Avant de s'offrir opportunément une interview télévisée pour faire valoir son rôle international, à trois jours des élections européennes.

Sur la place Charles-de-Gaulle de Bayeux, c'est une petite foule bien plus franchouillarde qui accueille le président, venu célébrer le discours par lequel le général a restauré ici la souveraineté républicaine en 1944. « Ce jour-là, à Bayeux, rien n'était écrit. Mais par la volonté d'un homme et l'intuition d'un peuple, tout s'est réinstallé. » Quand il déclame solennellement cette phrase, Emmanuel Macron songe-t-il aussi au scrutin de dimanche ?

Tous les sondages lui prédisent une claque. Mais ce matin-là, tout dans le cocon formé entre les barrières de sécurité pourrait lui laisser penser qu'il n'en sera rien. Le soleil dispense une agréable douceur. Le discours est chaleureusement applaudi. Le bain de foule qui suit s'étire en longueur. C'est une France polie, intégrée, bon enfant qui est venue le saluer. Sourires, selfies, petits mots sympathiques. À l'instant t, on pourrait croire qu'Emmanuel Macron et son épouse Brigitte, qui le suit de quelques pas, jouissent sereinement de la bienveillance et de l'estime du bon peuple.

Gustave Le Bon a étudié la psychologie des foules. Il serait bon de s'intéresser à celle des bains de foule. Un accueil si sympathique peut être vecteur de tant d'illusions. Un public qui a patiemment attendu ce président toujours en retard et écouté respectueusement son discours est partiel, donc partial. Et puis l'époque est à la dépolitisation. Les gens dissocient la personnalité connue du politique controversé. Le preneur de selfie du vendredi n'est pas l'électeur du dimanche. Plusieurs mois plus tard, Élisabeth Borne racontera encore, décontenancée, ces jeunes souriants qui lui demandent une photo ce jour-là.

L'ex-Première ministre, présente au titre de son mandat de députée du Calvados, leur glisse :

« Alors on compte sur vous dimanche ?

— Ah non, on va voter pour Jordan... »

Toujours est-il que, lorsqu'il rentre à l'Élysée, certains conseillers voient un Emmanuel Macron transporté par sa campagne de Normandie. Persuadé qu'il est loin d'être aussi détesté qu'on le dit. Depuis le début de l'année, il parie que la liste Renaissance fera un score supérieur à 20 %. « Ce qui compte, c'est la dynamique », aime-t-il marteler. Il croit rééditable le scénario des européennes de 2019, quand les deux camps adverses ont terminé à touche-touche, alors que les premiers sondages promettaient un raz-de-marée au RN. « J'ai un socle à 24 % », assure-t-il aussi à ses interlocuteurs. Manière de prévenir qu'en cas de contre-performance, ce ne sera pas sa faute. Suivez son regard tourné vers Gabriel Attal, ce Premier ministre qui devait s'investir dans la campagne mais pense surtout à la suite.

À ce niveau-là, ce n'est même pas la fragile confiance du Jean-Claude Dusse des *Bronzés* considérant que « sur un malentendu, ça peut marcher ». Ce n'est pas un mince espoir, c'est un grand déni. Jusqu'au bout, la communication élyséenne martèle que le président croit une *remontada* possible. Il ne faut pas désespérer, non pas Billancourt, mais la rue du Rocher, le siège parisien du parti où s'activent les équipes de campagne.

Dans la dernière ligne droite, l'obstination des sondages à prévoir une défaite finit tout de même par dessiller quelque peu Emmanuel

Macron. La preuve : quelques jours avant le scrutin, il glisse la possibilité d'une dissolution à une toute petite poignée d'interlocuteurs. Cette même semaine qui précède les européennes, il demande à ses communicants, en boucle restreinte, de premiers éléments pour nourrir une allocution.

Le principe d'une dissolution n'est pas une surprise en lui-même. Cela fait longtemps qu'Emmanuel Macron caresse ce projet, alors que son second mandat patine depuis le début. La majorité relative est un cauchemar quotidien. L'adoption de chaque réforme phare est un chemin de croix. La droite fait planer une sérieuse menace de censure sur l'automne budgétaire qui vient. Macron déteste plus que tout la contrainte. Il faut desserrer l'étau. Voici peut-être venu le *kairos*, le moment favorable.

Là aussi jouent les illusions de l'effet Bayeux. Si ses troupes se plantent aux européennes, il n'y a qu'à provoquer une nouvelle élection, décisive cette fois. Son aura personnelle saura redresser la barre. Il a vu, en Normandie, ces gens remontés contre le spectacle de cirque que donne l'Assemblée. Il songe déjà aux mots de son allocution, quand il dénoncera « une fièvre qui s'est emparée ces dernières années du débat public et parlementaire dans notre pays ».

C'est le dimanche après-midi, sans doute sur le trajet retour du Touquet, où il est allé voter, qu'Emmanuel Macron confirme sa décision. Même dans ses plus grands moments de lucidité, il n'a pas imaginé la claque qui se dessine et s'affichera sur les écrans le soir à 20 heures.

14,6 % des voix, dix-sept points derrière la liste Bardella. Qu'un président perde des élections intermédiaires, rien que de plus classique. Mais la raclée est violente, et Macron en fait tout un plat. C'est pour lui une vexation personnelle. Le deuxième échec de sa vie après le concours de Normale sup, si l'on exagère à peine.

Dans sa voiture, le président est pendu au téléphone. Au bout du fil, un compagnon de route historique. Philippe Grangeon, artisan des débuts de l'aventure En marche, a fait un passage à l'Élysée comme conseiller spécial sous le premier quinquennat. Quelques heures plus tôt, le sexagénaire, prévenu par Alexis Kohler de ce qui se tramait, a envoyé toutes affaires cessantes une longue note à Macron. Une argumentation fournie pour le supplier, littéralement, de ne pas dissoudre. Un tel coup de poker n'est pas du tout la tasse de thé de cet ancien cadre de la CFDT époque Nicole Notat, adepte de la modération et du consensus à tout crin. Dans sa note, il suggère d'ailleurs à Macron une solution digne d'un « Grenelle » : confier à trois anciens Premiers ministres, Élisabeth Borne, Jean-Pierre Raffarin et Bernard Cazeneuve, le soin de former « un gouvernement de bonnes volontés » autour d'un programme.

On imagine Emmanuel Macron se retenir de bâiller en lisant les trois noms. Des palabres interminables avec les partis ? Non merci, il a déjà donné. Quand il appelle Grangeon, il réfute point par point ses arguments. Place à un acte fort. « Radical et gaullien », vantera aussitôt Bruno Roger-Petit, son conseiller mémoire.

Philippe Grangeon assistera, impuissant, aux dégâts en cascade de cette décision. La dissolution, il en parlera comme d'un « poison lent », avec effet létal sur ce qui reste du macronisme.

Richard Ferrand, lui, n'en pense pas moins, mais il ne tentera même pas de dissuader le président. Quand il accourt à l'Élysée, aussitôt que ce dernier l'a prévenu, il connaît trop son Macron pour ne pas voir qu'il n'y a rien à faire. L'ancien président de l'Assemblée rappellera tout de même au chef de l'État de ne pas oublier de consulter Gérard Larcher, le président du Sénat, comme le prévoit l'article 12 de la Constitution. En guise de consultation, ce sera un coup de fil expédié en une minute et demie, dans la soirée, au grand dam de son très institutionnel interlocuteur.

Plus tôt, aux alentours de 18 h 30, Emmanuel Macron a déjà daigné informer – plutôt que consulter – une autre autorité inscrite à l'article 12 : le Premier ministre. Au téléphone, Gabriel Attal tombe des nues. Il essaie de trouver une parade, propose au président sa démission. Refus.

Attal est effaré. Il comprend, maintenant, tout le sens de l'échange qu'il a eu avec Bruno Roger-Petit la veille, lors d'un dîner d'État donné à l'Élysée pour la visite de Joe Biden. Alors que le Premier ministre lui parlait de sa prise de parole à préparer en vue de la morose soirée électorale à venir, le conseiller mémoire lui a répondu :

« Tu sauras quoi dire.

— Comment ça ?

— Le président te parlera forcément avant... Tu sauras quoi dire.

— C'est-à-dire ? Il va faire quoi ?

— Tu verras ! »

À 19 h 15, Gabriel Attal arrive à l'Élysée comme on se rend à un enterrement. Dans le couloir de l'aile Madame, il croise Bruno Roger-Petit, mais aussi le communicant Clément Léonarduzzi, ancien stratège du président resté dans les parages. Ils ont d'étranges sourires aux lèvres. Quand il entre dans le salon des Portraits, il sait. Au contraire de la grande partie de l'assistance, ces ministres les plus politiques et cadres de la majorité convoqués par le président.

« Monsieur le ministre de l'Intérieur, où en sommes-nous ? » Emmanuel Macron demande les dernières projections des urnes à Gérald Darmanin, qui décrit le naufrage que tout le monde sait. « C'est un échec », conclut le président, qui balance sa grenade : il va dissoudre, le soir même. Quand il quittera cette réunion, ce sera pour aller enregistrer son allocution.

Stupeur sous les dorures, alors que Macron expose son argumentaire et déroule le calendrier. Avec le recul, ce que cette scène permet de comprendre, c'est que personne ou presque ne formule de véritable objection sur le moment. Beaucoup de ceux qui critiqueront abondamment cette décision baissent silencieusement la tête ce soir-là. L'effet de sidération, la lourdeur du moment, la crainte du monarque se conjuguent pour écraser toute possibilité de débat. De toute façon, on ne débat pas avec la foudre qui vient de tomber.

Assis en face d'Emmanuel Macron, Gabriel Attal est livide. Mais, encore sous le choc, il n'exprime aucune opposition. « Je suis avec vous », lâche-t-il au président. Ils ne sont qu'une poignée à émettre des réserves, à mots très couverts. Sébastien Lecornu demande s'il existe des sondages montrant que des législatives donneraient un autre résultat que les européennes. La réponse est non. Bruno Le Maire soulève le risque que le RN arrive au pouvoir. Emmanuel Macron fait clairement comprendre qu'il préfère que Jordan Bardella débarque à Matignon maintenant, plutôt qu'être raccompagné par Marine Le Pen sur le perron en 2027. « L'un vaut mieux que l'autre », dit-il. « Mais l'un n'exclut pas l'autre », grince Richard Ferrand, au bout de la table. Macron n'en démord pas. Il aura cette formule : « Une cohabitation vaut mieux qu'une succession. »

En bruit de fond, les « clics » pesants de l'appareil de la photographe de l'Élysée, qui immortalise les visages déconfits. Une caméra circule aussi dans la pièce, celle de l'équipe de tournage du producteur Mediawan, autorisée à suivre Emmanuel Macron de près. Un frisson parcourt l'assistance. Le président est-il donc persuadé qu'il a eu une idée de génie, au point d'archiver le moment sur pellicule ?

Les prises de parole sans aspérité se succèdent. Rachida Dati est attendue sur le plateau de TF1 pour la soirée électorale. Elle demande tout bas au centriste Hervé Marseille, assis à côté d'elle :

« Toi, tu es pour ou contre ?

— Ben, on n'a pas trop le choix...

— OK, je vais dire que je suis pour. »

La seule personne présente à s'opposer réellement et bruyamment à la décision présidentielle est Yaël Braun-Pivet. Pour une raison de forme : en tant que présidente de l'Assemblée, elle aurait dû être consultée. « Et qu'est-ce que je fais depuis dix minutes ? », réplique Macron. Mais Braun-Pivet veut un entretien en bonne et due forme. « Seule à seul », insiste-t-elle. Le président le lui promet. Après la réunion, il l'entraînera sur la terrasse pour un tête-à-tête. Dans la foulée, il racontera à plusieurs proches, la mine stupéfaite, que Braun-Pivet s'est proposée comme Première ministre, en guise d'alternative à la dissolution.

Les ministres sont repartis. La rumeur commence à se répandre. Sur le plateau de TF1, Rachida Dati et Gérald Darmanin vendent déjà à moitié la mèche. « Le président de la République prend ses responsabilités, il ne souhaite pas enjamber cette élection », esquisse la première peu après 20 heures. « Je sais garder un secret », fanfaronne un peu plus tard le second, pressé de questions sur une annonce présidentielle. Assis sur le même plateau, le député RN Sébastien Chenu fronce les sourcils. Marine Le Pen a réclamé une dissolution en cas de victoire aux européennes, mais sans imaginer une seconde obtenir gain de cause.

L'annonce à venir affole le milieu politique, mais aussi le Tout-Paris des affaires. Bernard Arnault l'apprend par son fils Antoine. Horrifié, le patron de LVMH veut tenter de dissuader Emmanuel Macron, mais s'aperçoit qu'il n'a pas son numéro de portable. C'est son épouse Hélène qui appellera Brigitte Macron pour se faire confirmer la nouvelle. Chez les décideurs français et déjà à l'étranger, les téléphones chauffent, les messages paniqués circulent à toute vitesse.

Est-ce parce qu'il en a eu vent qu'Emmanuel Macron ne paraît plus aussi euphorique quand il convoque le gouvernement à l'Élysée, sur les coups de 22 heures ? Le président est tendu. Cette fois, il ne veut pas que toute la réunion soit filmée. L'équipe de tournage de Mediawan est sèchement priée de quitter les lieux. Aux quelques ministres qui émettent des doutes polis sur la difficulté à inverser la dynamique ou l'état de préparation du parti présidentiel, il répond quasiment… qu'il fera campagne lui-même. Il veut s'impliquer en première ligne. « Je vais faire une conférence de presse, mettre de nouvelles idées dans l'atmosphère… » Un malheur n'arrive jamais seul. Non seulement les députés doivent sauver leurs sièges, mais ils devront le faire avec un boulet au pied.

Pour le président, ce n'est que le début des laborieuses argumentations, qu'il développera toujours des mois après ce 9 juin. Sur le coup, il est persuadé que l'effet de surprise lui profite. « Ça m'ouvre plein d'options », vante-t-il ce soir-là à un interlocuteur à distance. À ses yeux, tous les compteurs sont remis à zéro dans le paysage politique. D'autant qu'il est convaincu que la gauche ne parviendra pas à s'unir, alors qu'insoumis et socialistes se sont déchirés pendant toute la campagne des européennes sur fond de guerre au Proche-Orient.

Mauvais calcul. Ce soir-là, dans les couloirs de BFMTV, le député macroniste Clément Beaune, ancien conseiller du président, croise Boris Vallaud, le patron des députés socialistes. « Vous nous obligez à refaire la Nupes », lui lance ce dernier, sourire en coin. Le choc d'une dissolution qui pourrait porter le RN au pouvoir va permettre à la gauche de faire table rase des divisions. Macron a sous-estimé la puissance de mobilisation du refrain antifasciste dans ce camp. Le « Nouveau Front populaire » se formera en quelques jours. C'est plutôt la droite qui manquera d'imploser, avec le départ d'Éric Ciotti pour rallier Marine Le Pen.

Les certitudes d'Emmanuel Macron contrastent avec la panique qui a gagné ses troupes. Juste avant le début de la réunion nocturne du gouvernement, l'ambiance était étouffante dans le salon Murat où les ministres se sont retrouvés en attendant le président. Dans ce moment suspendu, les conversations sont tendues. On se jauge et on se soupçonne. En arrivant, Roland Lescure fond sur Gérald Darmanin, l'un de ceux qui ont encouragé la dissolution : « Tu nous envoies au casse-pipe ! » Franck Riester se joint aux récriminations, très inquiet. Le ministre du Commerce extérieur se dit certain de perdre sa circonscription de Seine-et-Marne (il sauvera sa peau grâce au retrait d'une candidate LFI).

Darmanin se défend. Il tente de se dédouaner, tout en métaphores : « Deviner qu'il va pleuvoir, ce n'est pas souhaiter la pluie... » Il rappelle aussi qu'il a, dans sa ville populaire de Tourcoing, l'une des circonscriptions les plus difficiles de la macronie. Il aura du mal à calmer ses collègues. Le crime a été commis, la chasse aux coupables est ouverte.

4

Sauve-qui-peut à la cour

> « Il est bon de parler, et meilleur de se taire. »
>
> La Fontaine

Salons VIP du Stade de France, le 14 novembre 2024. C'est la mi-temps d'un match de foot France-Israël placé sous haute surveillance. Emmanuel Macron a tenu à y assister, dans un contexte d'explosion des actes antisémites. Nicolas Sarkozy, qui vient de taquiner François Hollande sur son embonpoint – c'est une habitude – se dirige maintenant vers Bruno Roger-Petit. Il connaît bien l'ancien journaliste, qui l'a déjà interviewé au cours de sa carrière à la télévision, avant qu'il soit élu président de la République. Sarkozy l'apostrophe, rictus aux lèvres : « Je voulais vous féliciter, hein. C'est formidable… Le président dit : "Je vais me suicider", et vous, vous lui dites : "Tiens, voilà un revolver !" »

« BRP » soupire. Depuis la dissolution, le conseiller mémoire d'Emmanuel Macron s'exaspère de la réputation de pousse-au-crime que lui ont fait plusieurs articles de presse. Il est vrai que le jour J, il a commis l'erreur de se vanter auprès de quelques interlocuteurs de ne pas y être pour rien. Les indiscrétions ont fait le reste.

Il n'est pas le seul à se retrouver immédiatement dans l'œil du cyclone. Dès le lendemain de la dissolution, *Le Monde* assure qu'« une petite cellule » s'est activée secrètement auprès d'Emmanuel Macron pour ourdir ce scénario. L'histoire est jolie : il y a des personnages, de la dramatisation, des bons mots. Mais c'est prêter beaucoup de pouvoir aux rôles secondaires, en dédouanant l'acteur principal. Si Macron était un DRH hors pair capable d'organiser des « cellules » autour de lui, cela se saurait. Avec ses différents cercles, le président n'a qu'une méthode : il cloisonne, monte les uns contre les autres, histoire d'être sûr de rester maître en son palais. Pour le reste, son entourage est une jungle, seuls les plus coriaces survivent.

C'est donc le moment de rappeler la formule attribuée à Michel Rocard : « Toujours préférer l'hypothèse de la connerie à celle du complot. » D'ailleurs, au vu de ses conséquences, à supposer que la dissolution soit un complot monté collectivement, alors c'est un complot complètement raté.

En tout cas, l'orgueilleux Macron est furieux que l'on raconte qu'il aurait été plus ou moins manipulé par une poignée de proches. « Tu me tues cette idée », ordonne-t-il à son communicant Jonathan Guémas, lui aussi soupçonné d'avoir poussé à la dissolution en amont. Également cité parmi les possibles coupables, Clément Léonarduzzi, qui conseille les plus grands patrons à la tête de Publicis Consultants après avoir servi le président jusqu'à sa réélection en 2022, doit gérer la panique chez ses clients. Mais le dommage réputationnel, comme on dit dans sa profession, ne l'empêche pas de poser des congés sans solde pour reprendre du service à temps plein pendant les quelques semaines des législatives. Il en profite pour déminer à toute force auprès des journalistes : « Le récit selon lequel on est six à décider ça en fumant des cigares, c'est n'importe quoi. »

Bruno Roger-Petit renchérit : « Imaginer qu'il suffit que le président entende quatre types autour d'un verre de whisky pour décider ça, c'est d'une bêtise… » Mais s'il n'a pas pris la décision à la place du décisionnaire, BRP l'a accompagnée avec zèle. Et c'est aussi ce qui lui vaudra les foudres du *Monde*, de Sarkozy et de bien d'autres. Le soir du 9 juin, les journalistes sont étonnés d'entendre le conseiller mémoire participer au briefing téléphonique monté à la hâte pour tenter d'expliquer à la presse le coup de sang présidentiel. Aux côtés de Jonathan Guémas, qui s'escrime à rationaliser « un moment de clarification », Bruno Roger-Petit cite Mendès France, Aron, de Gaulle, avec le lyrisme que les habitués lui connaissent.

Mais ce sont ses bavardages dans des cadres moins formels qui sont reprochés au conseiller. Ce téléspectateur fidèle de *L'Heure des pros* sur CNews le démentira toujours, mais il est accusé d'avoir vendu la mèche à Pascal Praud, qui se targuera à l'antenne d'avoir été au courant avant l'allocution présidentielle. C'en est trop pour Macron. « Vous m'électrocutez Bruno ! » s'énerve-t-il devant des proches. Commencent des semaines difficiles pour BRP, tenu à l'écart du réacteur. Lui qui ne rate jamais un déplacement présidentiel à une commémoration, le périmètre officiel de ses fonctions, est absent quand Emmanuel Macron va rendre hommage aux résistants de l'île de Sein le 18 juin. Le même jour, il est très meurtri par un article de *Libération* contant la colère présidentielle contre lui.

Ses nombreux détracteurs triomphent. Eux qui n'ont cessé de le décrire en courtisan malfaisant, devant surtout sa présence à l'Élysée à la bienveillance de Brigitte Macron, croient sa chute enfin venue. D'autres, qui échangent encore avec BRP, lui trouvent un timbre de voix différent. L'ironie sarcastique a disparu. Elle ne tardera pas à revenir. Peut-être songe-t-il à cette réflexion attribuée à l'amiral von Tirpitz : « Le rapport le plus avantageux avec un monarque est d'être en légère disgrâce. »

Le conseiller mémoire-mais-pas-que a beau s'être fait nombre d'ennemis à l'intérieur et à l'extérieur de l'Élysée, il n'a jamais été réellement en danger. Macron ne lâche pas les fidèles, ceux qui sont là depuis le début. Il apprécie les longs messages de conseils stratégiques, mais aussi les bons mots de ce passionné des archives de l'INA, capable de réciter par cœur des phrases de François Mitterrand. Au printemps 2023, après un discours en hommage à Toussaint Louverture pour le 175e anniversaire de l'abolition de l'esclavage, il s'enthousiasme devant deux autres conseillers : « Bruno, c'était moi avant moi ! » Inutile de préciser que, dans la bouche du président, c'est un immense compliment.

Un autre amateur de bonne chère et de potins parisiens a nourri les conversations prédissolution. L'ex-sénateur de droite Pierre Charon, ancien collaborateur de Chaban-Delmas et de Sarkozy, est devenu, à force d'entregent et d'anecdotes croustillantes, un visiteur du soir d'Emmanuel Macron. Lui ne minimisera pas son rôle, au contraire. Il se targuera toujours d'avoir été un influenceur de la décision. Fin avril 2024, quand il reçoit du président le grade d'officier de la Légion d'honneur dans la salle des fêtes de l'Élysée, il pousse le scénario dissolution lors du joyeux apéritif qui s'ensuit en compagnie de plusieurs grognards des grandes heures du sarkozysme, comme le grand flic Frédéric Péchenard ou le communicant Franck Louvrier.

Son plan, Pierre Charon le vend volontiers autour de lui. Sans le savoir, il prédit alors le calendrier exact de la dissolution. « Si le président fait ça juste après les européennes, avec le délai minimum de vingt jours de la Constitution, ça donne un second tour qui tombe début juillet. C'est très bien[1] », calcule-t-il. Mais dans son esprit, il s'agit de provoquer volontairement une cohabitation. Charon, qui ne doute pas une seconde que le RN remportera les élections, estime que Le Pen et Bardella grilleront

1. Entretien avec l'auteur le 3 mai 2024.

leur capital au pouvoir, ce qui les handicapera en vue de 2027. Il pense aussi que la situation offrirait un rôle valorisant au président : « Quand Mitterrand était en cohabitation, il était l'arbitre des élégances. À ce moment-là, l'Élysée devient une forteresse. Chacun guette son rictus au moment où il signe ou refuse de signer les ordonnances. » Différence de taille : la cohabitation avec la droite a permis à Mitterrand de se refaire une santé politique et d'être réélu en 1988, là où Macron n'a pas le droit de se représenter.

Parmi les politiques en vue du camp présidentiel, certains étaient tout aussi favorables à l'idée de dissoudre, même s'ils se garderont bien de s'en vanter après coup. Emmanuel Macron en discute sérieusement avec François Bayrou un mois avant les européennes. Réalisant que ce scénario se précise, le jeudi qui précède les européennes, Bayrou convie précipitamment à déjeuner Régis Lefebvre, un communicant de profession et ami de longue date, ainsi que l'élue MoDem de Paris Séverine de Compreignac, une intime. Bayrou les sonde sur la bonne temporalité d'une dissolution. Faut-il attendre la rentrée de septembre, voire une censure parlementaire à l'automne, ou passer à l'acte dès après le scrutin de dimanche ?

Lui penche pour la rentrée, le temps d'installer l'idée dans l'atmosphère. Il le dit à Emmanuel Macron : « Si vous dissolvez le soir d'une défaite électorale, c'est un aveu. Ça donne à la défaite la dimension d'un cataclysme. Vous ne pouvez donc pas le faire maintenant. Peut-être qu'il faudra dissoudre, mais il faut qu'il y ait une raison plausible aux yeux des gens. Faites d'abord la preuve que vos adversaires sont de mauvaise foi, qu'ils n'ont pas le souci de l'intérêt général. » Bayrou raconte à Macron ses souvenirs de la dissolution incomprise de 1997, le pari raté de Chirac qui pensait prolonger le bail de sa majorité. Après coup, en son for intérieur, il songera que l'erreur de 2024 était pire encore.

Une nouvelle fois, Bayrou ne sera pas écouté. Il attribuera la décision de dissoudre dès le 9 juin à ce qu'il appelle « les entourages » de Macron. Ces conseillers de l'Élysée, Alexis Kohler et Bruno Roger-Petit en tête, n'auront pas à expliquer cette énormité aux électeurs sur le terrain. Mais quand Macron officialise sa décision, le dimanche soir, l'allié historique fait bloc et se garde bien de la critiquer publiquement.

En réalité, l'homme qui encourage le plus la dissolution en ce printemps de tous les dangers ne travaille pas à l'Élysée, mais de l'autre côté de la rue, place Beauvau. Contrairement aux membres supposés de la fameuse « cellule dissolution », Gérald Darmanin parviendra à passer entre les gouttes. Il est plus malin. Mais il a tout de même laissé quelques traces de doigt. Un proche confident d'Emmanuel Macron se souvient de ce coup de fil que lui a passé Darmanin, fin mai. Le ministre de l'Intérieur cherchait son appui alors qu'il comptait vendre au président les avantages d'un tel coup de tonnerre.

Jusqu'aux derniers instants, Darmanin s'active. Le samedi matin, veille des européennes, il passe des coups de fil à des responsables politiques influents, comme le sénateur centriste Hervé Marseille, pour expliquer tous les bienfaits d'une dissolution. Le soir, au dîner d'État donné à l'Élysée à l'occasion d'une visite de Joe Biden, il ne tient pas du tout devant ceux qu'il croise le même discours que Bruno Le Maire, qui balaie ce scénario catastrophe.

Forcément, Gérald Darmanin minimise son rôle. La dissolution ? « Je l'ai devinée, mais prévoir l'orage n'est pas le souhaiter, assure-t-il. On veut toujours discréditer les porteurs de mauvaise nouvelle. J'avais simplement compris du président, deux ou trois semaines avant, qu'il allait prendre une décision radicale, mais je ne savais pas laquelle[1]. »

Sur le papier, Darmanin n'a alors aucun intérêt immédiat à une dissolution. Il est ministre de l'Intérieur, l'un des plus beaux postes du gouvernement, et il est attendu au tournant sur la sécurisation des Jeux olympiques de l'été qui vient. Plonger le pays dans l'incertitude politique risquerait de mettre en péril la bonne tenue de l'événement. Et puis, comme il le souligne lui-même, il serait l'un des députés les plus en danger s'il fallait revenir devant les électeurs : « Dans la majorité, je suis l'un des très rares élus d'une circonscription populaire où le président est très minoritaire. Alors une nouvelle élection chez moi, c'était quand même très compliqué. »

Tout cela est vrai. Alors pourquoi ces agissements ? Ceux qui l'ont vu intriguer en ce

1. Entretien avec l'auteur le 18 juin 2025.

printemps avancent une raison moins rationnelle, plus tripale. Gérald Darmanin, qui a loupé de peu une nomination à Matignon quelques mois plus tôt, aurait vrillé en voyant Gabriel Attal accéder au Graal début 2024. Pour sa plus grande fureur, le poste revenait à celui qui est politiquement son rival et sociologiquement son miroir inversé. Lui, issu d'un milieu populaire nordiste et de l'immigration récente, sera donc constamment interdit d'accéder aux plus hautes fonctions, qui semblent réservées à ceux qui ont fait les grandes écoles ? Faudra-t-il toujours que le doublent des gens bien nés, qui n'ont jamais été confrontés à un électeur ailleurs qu'à Paris ou sa banlieue chic ? À force, il y a de quoi devenir dingue. Une dissolution ferait un dommage collatéral immédiat : le Premier ministre.

Mais Gérald Darmanin ne complote pas dans le dos de Gabriel Attal. La preuve : une conversation entre les deux ambitieux, au début de la semaine qui se conclura par la dissolution. Après un point sur les dossiers ministériels en cours, ils font sortir les conseillers, prennent un quart d'heure pour parler politique.

Attal : « Bon, on est d'accord, on va se prendre une taule dimanche ? »

Darmanin : « Oui. Il faudra dissoudre. »

Attal ouvre de grands yeux, mais ne prend pas son ministre au sérieux. « Je me suis dit que c'était une lubie de Gérald », débriefera-t-il. Le Premier ministre se pense hors d'atteinte. Entre lui et Darmanin, qui se sont toujours toisés à l'ombre de Macron, c'est un peu l'histoire de

Bip Bip et Coyote, qui ne parvient pas à rattraper sa proie malgré ses trésors d'ingéniosité. La dissolution finira par couper les ailes du fringant oiseau.

Reste que, pour les détracteurs du ministre de l'Intérieur, l'affaire est claire. En 1997, le mauvais génie de la dissolution ratée de Chirac s'appelait Dominique de Villepin. En 2024, c'est Gérald Darmanin. L'exagération est facile, tant il est vrai que la recherche acharnée de lampistes permet de dédouaner le chef à bon compte. L'opinion publique, elle, ne cherchera pas de bouc émissaire, et elle tombe juste. Le véritable décisionnaire est Emmanuel Macron, et lui seul.

Dans l'immédiat, le président n'en veut pas seulement à ceux qui se poussent du col. Il découvre aussi avec stupéfaction que son parti n'est pas prêt pour une campagne express. Il avait pourtant placé à la tête de Renaissance le fidèle Stéphane Séjourné, grand amateur d'affaires partisanes et de combinaisons politiques. L'intéressé l'assurait depuis longtemps à ses interlocuteurs : le parti avait un plan rôdé pour le moment où le boss déciderait de « tirer la chasse », selon son expression imagée.

Or, le lendemain de la dissolution, quand des proches de Gabriel Attal débarquent au QG, ils trouvent un bâtiment quasiment vide. Les équipes sont épuisées après la campagne des européennes, leur explique-t-on la bouche en cœur. Beaucoup de permanents sont en congés. À l'Élysée aussi, c'est la panique. On épluche en catastrophe la carte électorale en quête d'accords possibles avec LR ou le PS. On cherche désespérément des candidats dans telle ou telle circonscription difficile. Deux jours après le 9 juin, les députés macronistes se retrouvent à l'Assemblée pour une réunion de groupe agitée. Stéphane Séjourné leur indique que le parti ne financera pas la campagne des sortants, car l'argent est fléché vers les circonscriptions « de conquête ». Dans l'assistance, beaucoup s'étranglent. Quels territoires espère-t-on donc « conquérir » ?

De tout cela, Emmanuel Macron sera furieux contre Stéphane Séjourné. Ce qui ne l'empêchera pas de le bombarder commissaire européen à la fin de l'été. Énième confirmation qu'envers les soldats engagés depuis le début, le président pratique facilement le pardon des offenses. Même si, bien plus tard, il affirmera avoir été mal conseillé. Quand il recevra début octobre une poignée de députés de son camp rescapés de la dissolution, qui la lui reprocheront encore, il lâchera : « On m'a dit que nous étions prêts. On ne l'était peut-être pas... »

Préparer le parti, mais aussi préparer les esprits : ce travail non plus n'a pas été fait. Conséquence : ceux qui font campagne en catastrophe sur le terrain, en ce début d'été, essuient les foudres des électeurs décontenancés. L'ancien ministre Clément Beaune, qui ne se fait pas d'illusion sur ses chances d'être réélu dans sa circonscription très gauchisante du centre de Paris, raconte : « J'ai vécu une campagne psychanalytique ! Les gens ne comprenaient pas. Certains pleuraient, me disaient qu'ils ne dormaient plus, on se faisait engueuler. Mais quand on aime la politique, c'était quand même un sacré moment[1]. »

Reste cette désagréable impression d'improvisation. Et cette atmosphère de sauve-qui-peut qui gagne la cour présidentielle. C'est le propre des plans mal ficelés. Dans son livre *Les Plumes du pouvoir*[2], le journaliste Michaël Moreau raconte une savoureuse anecdote sur la dissolution de 1997. Alors que Jacques Chirac découvre le texte de son allocution, dans le Salon vert de l'Élysée, il se tourne, embarrassé, vers sa conseillère discours, Christine Albanel : « On ne comprend pas pourquoi je dissous...
— Monsieur, c'est tout le problème. »

1. Entretien avec l'auteur le 22 juillet 2025.
2. Plon, 2020.

5

Grands principes et petits calculs

« En politique, il faut suivre le droit chemin ; on est sûr de n'y rencontrer personne. »

Otto von Bismarck

Au QG du parti d'Emmanuel Macron, rien n'était prêt pour une dissolution. Alors il faut bricoler. Dès le début de la campagne des législatives, une petite équipe s'active sur des écrans. Ce sont des geeks, spécialistes de la recherche algorithmique et de l'exploration des tréfonds du Web. Avec leurs outils, ils épluchent des centaines de comptes sur les réseaux sociaux, à la recherche de mots-clés évocateurs : « arabe », « juif », « islam », « nazi », « Hitler », « Pétain », « PD », etc. Cette cellule traque les propos racistes, antisémites, homophobes ou conspirationnistes postés anciennement en ligne par des candidats du Rassemblement national. Les cas les plus polémiques sont discrètement communiqués à la presse de gauche, qui en fera ses choux gras.

Tous sont répertoriés sur une carte mise en ligne par Renaissance.

On a beau dire, la « start-up nation » a parfois du bon. Surtout quand il faut réactiver le combat frontal contre le RN. Si quelqu'un a bénéficié, dans sa vie politique, du fameux barrage, c'est bien Emmanuel Macron. En 2017 puis en 2022, il est élu avec de nombreuses voix qui ne se portent sur lui que pour empêcher Marine Le Pen d'entrer à l'Élysée. S'il encourage volontiers le vieux refrain antifasciste qui lui apporte les voix de la gauche sur un plateau, il a toujours fait mine de ne pas tomber lui-même dans le registre moral.

Sur ce sujet comme sur tant d'autres, l'ambiguïté est reine, tant qu'il ne la quitterait qu'à ses dépens. Un jour, Macron estime que le RN n'est pas dans « l'arc républicain ». Un autre, il convie son président Jordan Bardella à discuter courtoisement lors des infructueuses « rencontres de Saint-Denis » avec les chefs de parti (c'était en 2023). Peu importent, après tout, les qualifications sémantiques. L'essentiel est que demeure en face de lui cet adversaire si confortable.

Entre les deux tours des législatives de l'été 2024, pourtant, Emmanuel Macron n'appellera pas au traditionnel « front républicain ». C'est Gabriel Attal qui imposera la ligne « tout sauf le RN », au mépris de la consigne initiale voulue par le président. Un coup de poignard qui en appellera bien d'autres. Furieux d'avoir été entraîné dans l'abîme de la dissolution, le Premier ministre n'a que faire de ce que pense celui qui l'a fait et défait en l'espace de cinq mois seulement. Déjà, l'autorité présidentielle est affaiblie, le crépuscule s'accélère.

À l'aube de la campagne express qu'il a provoquée avec la dissolution, Macron s'apprêtait pourtant à repartir en tournée avec son tube préféré : moi ou le chaos. Point clé de son pari : il imagine la gauche incapable de reformer son alliance après les noms d'oiseaux échangés pendant toute la campagne des européennes, sur fond de guerre au Proche-Orient. Dans son esprit, cela ouvrira un boulevard à des duels entre son camp et le RN, une chorégraphie bien connue de ses services.

Erreur fatale. À gauche, le sauvetage des sièges à l'Assemblée vaut bien quelques principes. En quatre jours, le « Nouveau Front populaire » présente un programme bricolé sur un coin de table et se répartit les circonscriptions. Macron tente désespérément de le pilonner, allant jusqu'à fustiger ce « programme totalement immigrationniste ». Mais qui croit encore ce cambrioleur qui, dans l'entre-deux-tours de 2022, chipait à Jean-Luc Mélenchon sa « planification écologique » pour racoler l'électorat de gauche, et entonne maintenant du Le Pen dans le texte ? Une semaine avant le premier tour des législatives, le président, aveuglé, écrit encore à l'un de ses candidats, à propos du NFP : « Ça ne va pas tenir ».

Peine perdue. Portée par la peur de Le Pen, la gauche résiste face à un bloc nationaliste en pleine forme et un arc central en plein doute. La tripartition se confirme comme une réalité ancrée dans le pays. Les sondages prédisent une forte participation aux législatives et un nombre record de triangulaires. En ce vendredi de la fin juin qui précède le premier tour, l'équipe élyséenne se réunit pour plancher sur le communiqué à diffuser dimanche soir. Il faudra s'alarmer du score élevé du RN, bien sûr, mais toute une partie des conseillers invite aussi à ne pas faire de cadeau à La France insoumise.

Car, aux yeux d'une bonne partie des électeurs et cadres macronistes, Jean-Luc Mélenchon est un danger aussi grand, voire plus, que Marine Le Pen. Or, LFI a avalisé l'investiture de plusieurs candidats dont les profils n'ont rien à envier aux erreurs de casting du RN. Dans le Loir-et-Cher, le candidat LFI Reda Belkadi se voit privé de son investiture pour d'anciens tweets antisémites. Mais le mouvement soutient coûte que coûte, dans le Vaucluse, Raphaël Arnault, cadre d'un groupuscule antifa et fiché S. Ou, en Seine–Saint-Denis, Aly Diouara, qui a, entre autres prises de position douteuses, traité Raphaël Glucksmann de « sioniste ». Ces deux derniers candidats seront d'ailleurs élus députés.

Compliqué, face à des loustics au passif aussi lourd, d'exclure le seul RN dans l'attribution péremptoire des brevets de républicanisme. La formulation finale du communiqué de l'Élysée est volontairement vaseuse : « Face au Rassemblement national, l'heure est à un large rassemblement clairement démocrate et républicain pour le second tour. » On est prié de comprendre que ces derniers adjectifs excluent de fait certains LFI.

Le sujet a divisé dans l'entourage de Macron. Mais Alexis Kohler s'est rallié à ceux qui poussaient la ligne « ni RN ni LFI ». Sondés, François Bayrou et Édouard Philippe partagent le principe. Et Gabriel Attal ? Impossible de savoir : la ligne Élysée-Matignon est coupée depuis la dissolution. En réalité, le Premier ministre sacrifié prépare sa propre communication.

Le soir du premier tour, l'équipe de campagne, sur laquelle il a globalement la main, organise un *call* collectif à 19 h 45 pour « caler les éléments de langage », selon la formule consacrée, avec les cadres de la macronie invités dans les soirées électorales. Nombre d'entre eux n'ont absolument pas l'intention d'appeler à un front uniquement dirigé contre le RN. La ministre Aurore Bergé, qui doit se rendre sur le plateau de France 2, est de ceux-là et insiste : « On est bien d'accord sur la ligne ni RN ni LFI ? » La réponse est molle, chacun en retient ce qu'il veut. De toute façon, l'équipe de Gabriel Attal reste floue sur la teneur de sa déclaration : « Écoutez ce qu'il dira... »

Peu avant 22 heures, sur le perron de Matignon, le futur ex-premier ministre joue, les dents serrées, un morceau tout droit venu de ses années étudiantes au Parti socialiste : « L'extrême droite est aux portes du pouvoir [...] pas une voix ne doit aller au Rassemblement national. » Attal appelle à des désistements anti-RN et expédie le sujet LFI au détour d'une phrase, en se bornant à constater qu'elle est « largement rejetée par les Français ».

Que s'est-il donc passé entre ce grand flou du début de soirée et cette déclaration martiale à la nuit tombée ? Autour de Gabriel Attal, il y a ceux qui lui ont conseillé d'entonner solennellement le refrain antifasciste. C'est l'occasion rêvée de se refaire une santé politique et le seul moyen d'éviter les images d'une passation avec Jordan Bardella. Et puis il y a ceux qui, ce soir-là, ont fait frénétiquement leurs calculs. Compte tenu des résultats du premier tour, un « front républicain » monté avec la gauche est la solution qui permettra de perdre le moins de députés.

Au MoDem, François Bayrou constate la même chose quand il fait tourner un mystérieux logiciel maison dont il est très fier, qui permet de simuler les élections circonscription par circonscription. Avant le premier tour, les projections étaient déjà mauvaises. Après, elles sont catastrophiques : environ trois cents députés RN, soit la majorité absolue. Certains de ses proches lieutenants, dont le fidèle Marc Fesneau (qui sauvera finalement sa peau sur ses terres du Loir-et-Cher), sont donnés perdants. Le « front républicain » s'impose. De fait, sur 133 duels contre le RN, les troupes macronistes gagneront dans 83 % des cas[1]. La gauche aura moins de succès, surtout les candidats LFI.

Dans l'immédiat, entre les consignes de l'Élysée et celles de Matignon, la cacophonie s'installe. Des candidats arrivés en troisième position se désistent dès le dimanche soir. D'autres s'accrochent et il faudra de sacrés coups de

1. Jérôme Jaffré, « Le vote-barrage du second tour : la mobilisation anti-RN » *in Le Vote sans issues*, sous la direction de Bruno Cautrès et Anne Muxel, PUG, 2025.

pression pour qu'ils se retirent. Autour d'Attal, on charge sabre au clair contre le RN. Autour de Macron, on redoute les effets pervers du tripatouillage. Thierry Solère, conseiller officieux du chef de l'État, présent à l'Élysée le soir du premier tour, grince auprès de ceux qu'il croise cette semaine-là : « Les Français ont décidé de trois cents triangulaires, mais dix mecs à Paris ont décidé qu'il y en aurait moins de cent. La population doit se sentir cocue un peu partout... »

Sans doute le Premier ministre ne distingue-t-il pas encore à quel point cette prise de position le poursuivra, tant elle interroge sur son identité politique. Qui est le vrai Gabriel Attal ? Celui qui interdit l'abaya dans les écoles ou celui qui n'appelle pas à voter contre LFI ? Mais d'autres se perdent aussi dans leurs ambiguïtés. Édouard Philippe tient une ligne « ni RN ni LFI », mais vote tout de même, au Havre, pour un communiste plutôt que pour le candidat RN. Dans le même département, l'un des candidats de son parti Horizons se désiste pour favoriser la réélection d'une députée LFI, Alma Dufour. Gérald Darmanin, lui, reste bien silencieux dans les jours qui suivent le premier tour. C'est qu'à Tourcoing, il est pris dans une dangereuse triangulaire dont il se sortira grâce au désistement de la candidate LFI.

Alors Attal contre-attaque : « Cette histoire, c'est le bal des faux-culs. Tout le monde en a bénéficié. Et pour le pays, je ne regrette pas qu'on ne se soit pas retrouvé avec le RN au pouvoir. LFI n'attendait que ça pour attiser un climat insurrectionnel. Je n'en ai pas dormi pendant plusieurs nuits, de m'imaginer faire une passation de pouvoir avec Bardella et l'extrême droite au pouvoir en France[1]. »

Emmanuel Macron, lui, finit par suivre le mouvement, dans un énième changement de pied. Puisque le RN a réellement une chance de l'emporter, puisque la dynamique du « front républicain » est lancée, autant lui emboîter le pas. Surtout que la pression vient souvent du terrain. Mais quand Albane Branlant, issue des Jeunes avec Macron, prévient l'Élysée qu'elle retire sa candidature dans la Somme pour favoriser François Ruffin face au RN, Brigitte Macron s'exclame : « C'est quand même curieux qu'on appelle à voter pour quelqu'un qui a menacé deux fois de mort mon mari... » Bernard Arnault aussi ne digérera jamais que l'on favorise la réélection de celui qui a tenté de le ridiculiser avec son film *Merci Patron !*

Les désistements tombent en rafales. Et même au siège du RN, on commence à douter. La veille du premier tour, Marine Le Pen, qui sera triomphalement réélue dès le lendemain à Hénin-Beaumont, a pourtant commencé à sonder ses lieutenants : « Tu veux faire quoi ? » Le parti se prépare. On constitue virtuellement des cabinets, on sonde d'éventuels ralliements en échange de postes ministériels, on écrit à la hâte un planning des premières semaines au pouvoir. Mais au milieu de la semaine d'entre-deux-tours, les lepénistes commencent à comprendre. Le « front républicain » a de beaux restes. Arrivé en tête

1. Entretien avec l'auteur le 2 juillet 2025

dans près de 300 circonscriptions sur 577 au premier tour, le RN ne remporte finalement que 126 sièges à l'Assemblée (143 avec les alliés emmenés par Éric Ciotti).

Pendant ce mois de frénésie électorale, certains se sont interrogés : Emmanuel Macron a-t-il délibérément cherché à mettre le RN au pouvoir ? À provoquer une cohabitation lui permettant de retrouver le beau rôle ? Gérald Darmanin en est persuadé au tout début de la campagne des législatives, quand le président lui explique dans un message qu'il faut aller au combat pour mener la future opposition. Gabriel Attal le soupçonne après le premier tour, quand Macron ne donne aucune consigne de désistement aux candidats arrivés troisièmes. Sans doute le chef de l'État est-il, en réalité, complètement perdu, lui qui pensait pouvoir gagner.

Emmanuel Macron finit tout de même par songer à une combine en cas de victoire du RN. Il l'a confié après coup à un proche, qui lui demandait :

« Si le RN avait gagné, tu aurais vraiment nommé Bardella ?

— Non, j'aurais nommé Marine Le Pen. »

La manœuvre avait ses avantages. Elle aurait rappelé que le pouvoir de nomination restait au président. Et permis de rabaisser Bardella tout en tendant un piège à Le Pen. Si cette dernière acceptait Matignon, elle risquait d'y griller son capital politique et de se mettre en danger avant la présidentielle. Si elle refusait, elle montrait qu'elle reculait devant le pouvoir. Au milieu des ruines fumantes, le président s'imaginait pouvoir encore jouer avec ses dernières allumettes.

6

Le grand malentendu

> « La vérité, ce n'est point ce qui se démontre, c'est ce qui simplifie. »
>
> Saint-Exupéry

Flash-back. Nous sommes le lundi de Pâques, en ce mois d'avril 2022, mais François Bayrou n'est pas d'humeur à sonner les cloches, lui qui maugrée derrière son bureau. « C'est une très mauvaise campagne. » Il est seul ou presque dans le petit immeuble de fond de cour de la rue de l'Université qui abrite le siège parisien du MoDem. Un grand silence qui laisse une impression étrange. La France est en pleine campagne présidentielle. Et pourtant, ici comme ailleurs, rien ne bourdonne, tout est atone.

Le second tour a lieu dans six jours. Personne ne doute qu'Emmanuel Macron sera de nouveau élu face à Marine Le Pen. Mais Bayrou, l'allié qui a ouvert un boulevard à Macron en renonçant à se présenter en 2017, garde un goût amer dans la bouche. Il a encore passé son tour en 2022 pour ça ? Un simulacre de campagne dans laquelle le président sortant n'apparaît qu'en coup de vent, entre un sommet sur la guerre en Ukraine et un appel avec Vladimir Poutine ?

Nous rencontrons François Bayrou avec ma consœur Agathe Lambret pour un livre que nous écrivons sur cette drôle de campagne[1]. Il est furieux. Furieux d'être tenu à l'écart de ce qui ne ressemble en rien à l'épopée de 2017. L'invasion surprise de l'Ukraine a plongé le débat public dans l'apathie, mais ce n'est pas une raison pour mettre en pause la démocratie. Or, à ses yeux, les technocrates ont confisqué la campagne de Macron autour d'Alexis Kohler, le redouté secrétaire général de l'Élysée, pour inscrire dans le programme la retraite à 65 ans et autres joyeusetés qui risquent de mettre la France à feu et à sang. Tout ce qu'a pu faire Bayrou, c'est insister pour que Macron ait l'air au maximum empathique sur son affiche de campagne barrée du slogan « Avec vous ». Quand on s'apprête à infliger une potion amère aux Français, on peut au moins faire l'effort de leur sourire avant.

Il n'y a pas que les technos déconnectés qui agacent Bayrou. Il est aussi en toupie contre « ces mecs » qui tournent toujours autour du président. Ces Gérald Darmanin, Sébastien Lecornu ou Thierry Solère, qui ont le mauvais goût de venir de la droite RPR et d'être globalement dépourvus de scrupules. Ces ouvriers de la onzième heure, ralliés après la victoire historique de 2017, sont avides de postes et d'influence auprès de Macron, qui cède trop souvent à leur

1. *L'Étrange victoire*, Éditions de l'Observatoire, 2022.

ligne politique. Pendant ce premier quinquennat, le président n'a fait appel qu'à des Premiers ministres de droite. Pas vraiment conforme à l'esprit du courant central et du « dépassement ».

Bayrou est lucide sur ses chances pour Matignon après la réélection. Il a compris depuis le début que Macron voulait des exécutants. « Il ne me le donnera pas », lâche-t-il. Il ignore alors que son tour viendra plus tard, même s'il sera très impropre de dire que Macron lui « donnera » le poste. En attendant, son écran d'ordinateur sous les yeux, il fait tourner son logiciel permettant de simuler les élections législatives qui s'annoncent. Interdiction de jeter un coup d'œil, surtout si c'est un œil de journaliste. « C'est secret ! » Deux mois plus tard, le résultat de ces législatives viendra sanctionner – c'est le bon terme – cette campagne vaporeuse et sans entrain.

En France, la présidentielle est en principe le moment politique par excellence. Emmanuel Macron n'a pas hésité à l'annihiler. Cela n'arrive pas souvent, mais sur ce point, Édouard Philippe est d'accord avec François Bayrou. Écoutons le maire du Havre rembobiner cette période : « Il s'est passé un truc très bizarre au premier semestre 2022. Le président a fait campagne, mais c'était une campagne sur lui. C'était : "Le monde est dangereux mais je suis là." Son programme ne comportait que deux véritables propositions : la réforme du lycée professionnel et une réforme des retraites purement paramétrique, à 64 ou 65 ans, on ne savait pas trop. Ensuite, il s'est évertué à ce qu'il n'y ait pas de campagne législative. Il n'y a pas eu un seul grand meeting. Il a nommé son gouvernement très tard, en prenant des personnalités qu'on n'attendait pas vraiment, compte tenu du sens de la campagne présidentielle. Il est allé chercher Élisabeth Borne à gauche, et sur l'éducation, après cinq années de Jean-Michel Blanquer, il a choisi Pap Ndiaye qui, pour de bonnes ou de mauvaises raisons, incarnait exactement le contraire[1]. »

Pendant ces semaines, même les proches conseillers d'Emmanuel Macron ne parviennent pas à expliquer cette atonie et ces zigzags. Eux aussi ont perdu le fil. Mon confrère Ludovic Vigogne a raconté dans un excellent ouvrage, *Les Sans jours*[2], ce passage à vide du président après sa réélection. Déroutante période : au lieu de profiter du souffle d'une nouvelle victoire nette sur Marine Le Pen et d'ouvrir rapidement les chantiers de son deuxième quinquennat, il procrastine, tâtonne, hésite.

Il rêve de prolonger le bail à Matignon de Jean Castex, avec lequel il a vécu pendant deux ans une véritable lune de miel. Un Premier ministre fidèle, sans poids politique, qui n'ébruite pas les désaccords et ne lui fait pas d'ombre. Rien à voir avec l'orgueilleux Édouard Philippe, dont la rigidité et la popularité avaient fini par exaspérer Macron. Mais Castex est fatigué et trouve l'idée mauvaise. Il est impatient de quitter Matignon, où ses cartons sont prêts.

---

1. Entretien avec l'auteur le 3 juin 2025.
2. Bouquins, 2023.

Alors Emmanuel Macron s'engage dans une déroutante valse-hésitation. Il reçoit Catherine Vautrin, une élue locale de droite, et s'accorde avec elle pour la nommer Première ministre. Puis le temps d'un week-end, cédant à la pression d'une bonne partie de ses proches, il opte finalement pour la bonne élève Élisabeth Borne, une technocrate qui a fait ses premières classes auprès de Lionel Jospin et Bertrand Delanoë. « Après avoir été élu par la droite, il nomme une Première ministre de gauche », s'agacera en petit comité Gérald Darmanin, de plus en plus irrité par ce macronisme « qui ne veut pas s'avouer qu'il est de droite ». Jean Castex, lui, s'exclamera devant des interlocuteurs : « Il aurait dû nommer Borne en 2020 et me nommer en 2022 ! »

Le président ne daigne pas s'impliquer dans la campagne pour les élections législatives. Motif officiel : son agenda est saturé de rencontres internationales. En réalité, il pense pouvoir rééditer le scénario de sa réélection, lorsque les sommets avec les grands de ce monde et les appels avec Poutine ont tenu lieu de campagne. « Aucune voix ne doit manquer à la République », intime-t-il cinq jours avant le second tour sur le tarmac de l'aéroport d'Orly, devant l'avion présidentiel moteurs hurlants.

Les Français commencent à connaître le refrain : moi ou le chaos. Et à trouver cela un peu fort de café. D'autant que le désordre est déjà là. Au Stade de France, quelques jours plus tôt, des délinquants de Seine–Saint-Denis ont agressé et terrorisé le public venu assister à la finale de la Ligue des champions. Le ministre de l'Intérieur, Gérald Darmanin, ne trouve rien de mieux à faire qu'accuser les supporters anglais. Aux images du désordre s'ajoute le discours d'un déni de réalité.

Clément Beaune, alors ministre délégué à l'Europe, qui sera élu député de justesse à Paris, retrace le rendez-vous manqué : « Il aurait été difficile de faire autrement sur la présidentielle, la guerre en Ukraine écrasait tout. Mais la non-campagne des législatives a été un problème, d'autant plus qu'on a subi le Stade de France et l'affaire Abad[1]. » Nouveau ministre débauché chez LR, Damien Abad fait alors face à des accusations de viol qui embarrassent la macronie. « Ce sont les deux reproches que j'entendais le plus sur le terrain, ça nous a coûté 30 à 50 sièges, reprend Beaune. Mais il y a aussi un phénomène de fond : les gens voulaient nous faire payer la victoire d'Emmanuel Macron. Pour la deuxième fois de suite, des électeurs non macronistes ont fait l'effort de voter Macron contre l'extrême droite. Alors aux législatives, leur état d'esprit, c'était : "C'est bon, on a voté Macron, laissez-nous tranquilles." Mélenchon l'a très bien compris, c'est pour ça qu'il a fait des législatives la revanche de la présidentielle. »

Le 19 juin, au soir du second tour, la sanction tombe. Il manque une quarantaine de députés au camp présidentiel. Devenu évanescent, comme absent de lui-même, Emmanuel Macron est rapidement pointé du doigt par ses propres troupes. Que s'est-il donc passé dans la tête du chef de

1. Entretien avec l'auteur le 22 juillet 2025.

l'État dans ces semaines qui ont suivi sa réélection historique (un président de la Ve République n'avait jamais obtenu deux mandats consécutifs hors cohabitation) ? Aujourd'hui encore, ses conseillers racontent une « décompensation », celle d'un homme à la fois grisé par son exploit et incapable d'écrire la suite. « C'est comme s'il ne savait pas quoi faire de son quinquennat », diagnostiquera rapidement François Hollande[1].

Et puis il y a cet angoissant compte à rebours. Car à partir de ce 24 avril 2022, la Constitution interdisant d'effectuer plus de deux mandats consécutifs, le président voit le chronomètre du crépuscule s'enclencher. Et entend, dans son dos, les murmures de ceux qui étaient ses affidés et complotent désormais sans scrupule pour lui succéder.

À ce moment précis se noue le grand malentendu qui pèsera sur tout le quinquennat qui s'ouvre. Et précipitera la fin de règne.

« 2022, c'est la faute originelle. C'est là que ça commence à dérailler », diagnostiquera Michel Barnier, qui rôde alors déjà dans les parages. Lui qui a échoué à devenir le candidat de LR en 2021 estime toujours qu'il pourrait jouer un rôle. A posteriori, il analyse ce moment comme un rendez-vous manqué pour Macron : « Il devait élargir, partager le pouvoir pour l'exercer correctement, et donc former une coalition pour gouverner. Mais au lieu de tendre la main à la droite, il nomme Élisabeth Borne, ce qui rétrécit un peu plus sa majorité[2]. »

1. Conversation avec l'auteur le 16 octobre 2022.
2. Entretien avec l'auteur le 15 avril 2025.

À la décharge du président, aucun acteur ne veut réellement jouer. Les derniers députés LR se considèrent comme des rescapés des tempêtes macronistes, eux qui s'accrochent dans des circonscriptions souvent rurales où le RN est leur principal concurrent. Autrement dit, ce qui reste de la droite traditionnelle s'est construit contre Macron. De toute façon, le président est fidèle à son tempérament : jamais il n'envisagera de nommer à Matignon et au gouvernement des personnalités qui n'auraient pas d'abord fait allégeance.

Surtout, Emmanuel Macron est dans le déni. Aurélien Rousseau, qui prend alors ses fonctions de directeur de cabinet à Matignon, le racontera bien plus tard : « Le fait qu'il ait une majorité relative, dans sa tête, ça n'existait pas. C'était : "On va faire ci, on va faire ça...[1]" » Autre social-démocrate ayant tâté les hautes sphères du pouvoir, Philippe Grangeon, ancien conseiller élyséen sous le premier quinquennat, admet le malentendu démocratique : « Le Macron réélu en 2022, c'est un gestionnaire de crise hors pair : les gilets jaunes, le Covid, l'invasion de l'Ukraine... Lui a peut-être pensé qu'il avait le même quitus qu'en 2017, mais beaucoup d'électeurs, particulièrement au second tour, n'ont pas voté pour augmenter l'âge du départ à la retraite[2]. »

Dès lors, il n'est pas question pour Macron de partager le pouvoir. Dommage, soupire a posteriori Michel Barnier, qui se voyait bien

1. Conversation avec l'auteur le 12 mai 2025.
2. Entretien avec l'auteur le 30 avril 2025.

Premier ministre à la tête d'une alliance inédite : « Sur la soixantaine de députés LR, 40 ou 45 seraient venus, ça faisait une majorité absolue. Cela aurait changé le destin du quinquennat. »

Il le signifiera plus tard à Alexis Kohler, avec qui les contacts sont réguliers : « Il fallait proposer une alliance.

— On a essayé, lui rétorquera le secrétaire général de l'Élysée.

— Non, vous avez débauché. Ce n'est pas pareil. »

Les quelques nouvelles conquêtes politiques de Macron sur son flanc droit, de Catherine Vautrin à Rachida Dati, ne suffiront pas à empêcher son frêle esquif de prendre l'eau. Le roublard sénateur centriste Hervé Marseille, qui passe parfois prendre l'apéritif à l'Élysée, le résumera de manière clinique : « La majorité relative, c'est le début de la fin[1]. »

1. Entretien avec l'auteur le 22 mai 2025.

7

« Les types en trottinette avec des écouteurs »

> « On manque d'indulgence au début de son règne. »
>
> Eschyle

Et si tout avait été clair dès cette soirée de juin 2017, quelques semaines à peine après le hold-up d'Emmanuel Macron sur l'Élysée ? Nous venons alors d'entrer dans le « nouveau monde ». L'Assemblée nationale, sur laquelle a déferlé une vague de plus de 300 députés macronistes dont la plupart sont de parfaits puceaux de la politique, doit se répartir les postes-clés du Palais-Bourbon.

La coutume veut que l'opération se fasse en bonne entente, pour que l'opposition soit correctement représentée dans les instances. Sauf que les fringants néodéputés marcheurs n'ont que faire de ces usages qui assurent l'équilibre dans le fonctionnement de l'institution. Le macronisme sera hégémonique ou ne sera pas. Pourquoi se priver d'écraser les autres quand on en a la possibilité ? Les Romains ont bien rasé Carthage pour avoir la paix. Les petits soldats du président n'ont, eux, pas l'intention d'attendre la troisième guerre punique pour tout saccager.

Ce jour-là, au lieu de laisser comme c'est l'usage un poste de questeur au candidat des LR, Éric Ciotti, les députés de La République en marche votent pour Thierry Solère, celui qui fut l'organisateur de la primaire de la droite et ne prend plus tellement la peine de cacher ses sympathies macronistes. Stupéfaction et tollé dans l'hémicycle. Il faudra plusieurs mois pour que la situation rentre dans l'ordre.

À l'époque, Marc Fesneau, proche lieutenant de François Bayrou, assiste au jeu de massacre depuis les rangs des députés MoDem, dont il préside le groupe. Des années plus tard, il n'en revient toujours pas : « Tout est dans cette première soirée post-élections législatives où le groupe LREM s'est affranchi des règles de fonctionnement de base de l'Assemblée… Et jusqu'en 2018, ses députés n'ont pas eu le droit de cosigner un amendement avec nous alors qu'on était leurs alliés, c'était lunaire ! Pendant des années, on n'a pas accepté un seul amendement venu de la gauche ou de la droite. Cette attitude, cette impression de mépriser les adversaires politiques, on l'a payée cher en 2022 et en 2024[1]. »

L'arrogance, le sectarisme, la certitude d'inaugurer une nouvelle ère dans laquelle rien ne sera comme avant : on a tout écrit ou presque sur la façon dont Emmanuel Macron et ses troupes ont donné la furieuse impression de gouverner

1. Entretien avec l'auteur le 14 avril 2025.

par le mépris, déroulant leur programme tel un rouleau compresseur.

La France était mal gouvernée ; il fallait la manager. Dès 2017, les cadres de la « start-up nation » se déploient donc pour « libérer les énergies ». Un déluge de novlangue s'abat alors sur les Français. Ce n'est pas la réforme mais la « transformation » du pays qui est en marche. Il faut lutter contre « l'assignation à résidence » en développant une « nouvelle grammaire ». On privilégiera bien sûr la « coconstruction » en mettant à profit la « société civile » et « l'horizontalité ». Mais en restant toujours « agile » et en favorisant une « méthode *bottom-up* ». Parce qu'il ne faudrait pas oublier « les territoires », c'est-à-dire ce vague no man's land embrassant à peu près tout ce qui se situe au-delà du périphérique parisien.

S'engage au Parlement un défilé de textes aux acronymes barbares : les lois ÉLAN, LOM, ESSOC, ASAP, 3DS... L'écologie est particulièrement bien servie : les ZFE et le ZAN viennent s'ajouter au DPE. Parfait pour assurer leur « acceptabilité sociale ». Les gens sont contre, malgré tout ? C'est qu'ils n'ont pas compris : il faut faire « la pédagogie » des réformes.

L'apothéose est atteinte quand, sans doute conscients de s'être quelque peu éloignés du réel, les technocrates macronistes essaient de bonne foi de se rattraper en inventant les OVQ, pour « objets de la vie quotidienne ». Ceux-ci sont définis dans des « plans de transformation ministériels » et mesurés par le « baromètre de l'action publique ». C'est drôle et tragique à la fois.

Très vite après leur arrivée au pouvoir, Emmanuel Macron et ses thuriféraires font penser aux élites déracinées décrites par le sociologue américain Christopher Lasch : « La moindre opposition fait oublier aux humanitaristes les vertus généreuses qu'ils prétendent défendre. Ils deviennent irritables, pharisiens, intolérants. Dans le feu de la controverse politique, ils jugent impossible de dissimuler leur mépris pour ceux qui refusent obstinément de voir la lumière, ceux qui ne sont pas dans le coup[1]. » Le retour de bâton survient vite avec l'explosion de colère des gilets jaunes, dès 2018.

Les proches d'Emmanuel Macron se sont toujours lamentés de cette image d'arrogance que leur héros a très vite renvoyée. Lui si attentionné, si patient, ne quittant jamais une pièce sans avoir salué tout le monde, plantant le bleu de ses yeux dans les vôtres comme si vous étiez unique au monde. Et, par-dessus le marché, maîtrisant chaque dossier sur le bout des doigts.

Le grognard François Patriat, soutien de la première heure, en est toujours subjugué. Comme ce 11 décembre 2024, quand Macron reçoit les sénateurs du groupe qu'il préside au Sénat et jongle pendant une heure et demie d'un sujet à l'autre : collectivités, outre-mer, école, santé, sécurité… À la fin, Patriat lui lance : « Emmanuel, si je te filme pendant ce genre de rencontre et que je diffuse, tu prends dix points dans les sondages ! » C'est précisément cette

1. Christopher Lasch, *La Révolte des élites et la trahison de la démocratie*, Climats, 1996.

méthode, celle du « grand débat » pensé comme une performance individuelle du président, qui a permis à ce dernier de s'extirper de la crise des gilets jaunes.

Emmanuel Macron n'est pas seul en cause. Il ne fait qu'incarner et accentuer le fossé social et géographique. Il est la tête de gondole de ceux qui entretiennent, depuis le choc du référendum de 2005, « le sentiment persistant qu'une petite sociologie privilégiée fait tout pour écarter du pouvoir ce que l'on a appelé "la France du non" », comme le dit Vincent Trémolet de Villers, directeur délégué de la rédaction du *Figaro*[1].

L'académicien François Sureau, qui a assisté aux débuts de l'aventure En marche mais a vite déchanté sur la vraie nature du macronisme, reste marqué par une conversation pendant le mouvement des gilets jaunes. Alors qu'il croise le maire d'un village qu'il connaît bien, il se montre stupéfait lorsque ce dernier lui annonce vouloir rejoindre les protestataires sur les ronds-points. Quand il lui demande ses raisons, la réponse est splendide : « J'en peux plus des types en trottinette avec des écouteurs ! »

1. Sur Europe 1, le 7 avril 2025.

8

Un été à flirter

> « Quand on ne sait pas s'entourer, on ne fait pas de la politique, on fait de la crème fraîche. »
>
> Charles Pasqua

Avec Emmanuel Macron, le poste de Premier ministre est un peu comme un pompon de manège. On le balade sous le nez des enfants pour voir qui arrive à l'attraper. Fort de son pouvoir de nomination, le président adore titiller les ambitions et les impatiences. Tant pis pour ceux qui s'étonnent de son étonnante propension à faire mine de proposer Matignon comme on proposerait d'aller boire un verre.

« Et toi, ça te dirait ? » Richard Ferrand, le premier des fidèles, y a eu droit fin 2023, quand Emmanuel Macron cherchait à remplacer Élisabeth Borne sans véritable raison valable. Battu aux législatives précédentes, reconverti en consultant et heureux de sa nouvelle vie, l'ex-président de l'Assemblée a préféré pousser un autre artisan de la première heure, Julien Denormandie. Sans être entendu.

Sept mois plus tard, au milieu du champ de ruines post-dissolution, Emmanuel Macron a au moins une méchante satisfaction : Gabriel Attal est condamné à expédier les affaires courantes avant de prendre la porte. Commence, en cet été 2024, un casting aussi long que chaotique. Heureusement que les Français ne s'y intéressent pas. Encore sonnés par la dissolution et leur brutale convocation aux urnes, ils préfèrent se passionner pour les Jeux olympiques de Paris. La quinzaine des épreuves est d'ailleurs un excellent prétexte pour repousser encore le choix d'un Premier ministre. Pour la médaille d'or de la procrastination, le président n'a pas de concurrent.

Cela aurait pourtant pu aller beaucoup plus vite. À la mi-juillet, quelques jours après la baffe des législatives, Emmanuel Macron a une idée : installer un patron à Matignon. Le chef de l'État approche Jean-Dominique Senard. Le président de Renault, ancien dirigeant de Michelin au profil dit « social », est un septuagénaire expérimenté, respecté des milieux économiques comme des syndicats. Il se dit partant, en tout cas dans un premier temps. Cet apôtre d'un « capitalisme responsable » s'est toujours intéressé à la vie publique. Lui dont le père était diplomate est sensible à la notion de service de l'État. Il a toujours considéré que l'entreprise et la politique ne devaient pas être deux mondes étanches. Il a d'ailleurs déjà lorgné la présidence du Medef, mais la limite d'âge l'a empêché d'être candidat.

Rapidement, Jean-Dominique Senard met Laurent Berger dans la boucle. Il apprécie l'ex-secrétaire général de la CFDT, qui serait un précieux appui. Se dessine l'idée d'un gouvernement d'experts qui aurait pour mission de tirer la France de l'impasse. Mais le moment est politique, et Senard manque cruellement de relais dans l'écosystème parlementaire. C'est ce que lui font entrevoir plusieurs proches qu'il consulte, dont l'ancien patron d'Axa Henri de Castries, son cousin et camarade de promotion à HEC, farouche partisan de François Fillon en 2017, qui ne tient pas Macron en haute estime. Pendant ces semaines de consultations, Senard entrevoit qu'il n'aura pas la capacité d'agir pour changer la donne et entamer le redressement qu'il imagine.

Une autre raison le freine : les conséquences pour sa famille d'une telle exposition publique. Et en particulier l'impact qu'aurait la publication de sa déclaration de patrimoine de patron du CAC 40. Une confirmation, au passage, que la fameuse moralisation de la vie publique et les injonctions à la transparence peuvent décourager des vocations.

Pour Jean-Dominique Senard, le train repassera deux mois plus tard, quand Michel Barnier sera nommé Premier ministre. Le Savoyard aurait bien fait de ce fils d'ambassadeur son ministre des Affaires étrangères, afin de mettre son expérience au service d'une diplomatie économique. Mais Emmanuel Macron s'y opposera. Pour des motifs de complexes équilibres partisans, comme il sera officiellement invoqué ? Ou parce qu'il estime impensable qu'on dise oui au Premier ministre alors qu'on a dit non au président ? Senard privilégiera la deuxième explication, celle de la rancune. Mais cet homme courtois se gardera bien de se répandre sur ces épisodes.

En attendant, le feuilleton Matignon se poursuit. Il durera quasiment tout l'été. D'autres profils venus des milieux économiques sont évoqués. Comme Éric Lombard, alors à la tête de la Caisse des dépôts, dont Emmanuel Macron prend l'avis, et qui deviendra plus tard ministre de l'Économie de François Bayrou. Ou Christine Lagarde, dont le nom est beaucoup poussé par Nicolas Sarkozy. Déjà approchée en 2022, la présidente de la Banque centrale européenne fait de nouveau savoir qu'elle s'y trouve très bien.

La France des entreprises a peur. D'autant que le Nouveau Front populaire, qui ne cesse de crier victoire après les législatives, pense avoir trouvé une solution pour régler les querelles d'ego de ses leaders, en allant chercher la directrice des achats de la mairie de Paris. Lucie Castets est donc « candidate » à Matignon, ce qui est en soi une curiosité. Elle entame une tournée estivale pour se faire connaître de manière express, mais Emmanuel Macron s'en moque comme d'une guigne. À ceux qui lui suggèrent de la nommer, quitte à la laisser se crasher sur la première motion de censure venue, il rétorque : « Je ne lui ferai pas cet honneur. »

Le président laisse plus volontiers courir le nom de Bernard Cazeneuve, alors qu'il n'a pas plus l'intention de le désigner. Entre le jeune premier qui a gardé des manières de banquier d'affaires et l'habitué des costumes trois-pièces aux allures de notaire de province, c'est une histoire compliquée. Née dans une chaleureuse camaraderie sous le quinquennat Hollande, lorsque le jeune Macron flattait Cazeneuve, qui se voyait un rôle presque paternel envers son sympathique et dynamique collègue. Refroidie quand Cazeneuve s'est aperçu que Macron lui a caché son projet de trahir Hollande. Depuis, quelque chose s'est irrémédiablement cassé.

Emmanuel Macron recevra tout de même Bernard Cazeneuve pour la forme et laissera le Parti socialiste s'opposer à sa nomination. L'intéressé, qui voit son nom agité tout l'été sans être consulté, alors qu'il vient de vivre une terrible épreuve, la perte de son épouse, n'en est que plus affligé par la médiocrité du moment. « Ces gens sont des larves », lâchera-t-il devant des proches. Il soupçonnera aussi son compère historique François Hollande d'avoir joué double jeu, alors que l'ancien président jure avoir soutenu sa nomination. Quand le crime est commis à plusieurs, comme dans un Agatha Christie, les coupables trouvent ça bien utile.

Emmanuel Macron regarde sur sa gauche, mais il fait semblant. Cela l'amuse de voir des noms improbables circuler, comme celui de Karim Bouamrane, le maire socialiste de Saint-Ouen. Il échange régulièrement, cet été-là, avec Olivier Faure. « Tu dois apprendre à perdre », le sermonne le premier secrétaire du PS. Il voit Laurent Berger, avec lequel les relations sont mauvaises depuis longtemps. L'ex-leader de la CFDT comprend vite qu'il n'aura absolument pas les coudées franches à Matignon, et surtout pas pour revenir sur la réforme des retraites contre laquelle il s'est battu. Il n'a pas spécialement envie du poste, mais il ne lui déplaît pas que coure le bruit qu'il a refusé : il le fera savoir.

Un autre homme en vue de la gauche sociale-démocrate est approché, de manière plus discrète. C'est Raphaël Glucksmann. L'ex-député Thierry Solère, qui joue souvent les intermédiaires pour le compte d'Emmanuel Macron, vient le sonder en voisin : ils habitent alors à la même adresse, dans le IXe arrondissement de Paris. « Matignon, ça t'intéresse ? » Face à un tel interlocuteur, toujours dans des jeux de billard à mille bandes, Glucksmann ne sait pas trop comment le prendre. Mais il est de toute façon convaincu que Macron ne veut fondamentalement pas d'un Premier ministre qui ne pensera pas comme lui. Alors il refuse tout de suite, et n'en fera pas la publicité.

Emmanuel Macron aime flirter tous azimuts, politiquement s'entend. À droite, pourquoi pas Valérie Pécresse ? « Teste-la », dit-il à tout hasard à sa ministre Sabrina Agresti-Roubache, qui lui demande quels noms glisser lorsqu'elle fait des matinales. Mais son vrai coup de foudre en cet été 2024, c'est Xavier Bertrand. Le président du conseil régional des Hauts-de-France l'a pourtant toujours pris pour cible, allant jusqu'à lui tenir tête physiquement, masque sur le visage, lors d'un déplacement présidentiel au sortir du premier confinement. L'image n'avait pas dopé sa tentative de candidature à la présidentielle de 2022.

La réalité, c'est que ces deux-là ne s'étaient jamais vraiment rencontrés. Fin juillet, Gérald

Darmanin, ancien collaborateur de Bertrand, lui demande s'il serait prêt à voir Emmanuel Macron. « OK, mais en tête à tête », répond-il. Les deux hommes parlent sérieusement de Matignon. Bertrand prépare un plan ministère par ministère, avec un rétroplanning de ce qu'il est possible de faire en un mois, trois mois, six mois. De vrais devoirs de vacances. Macron appréciera le travail rendu : méticuleux, affûté, organisé.

Mais il a toujours plusieurs fers au feu. Et puis une envie le ronge : celle de faire un bras d'honneur à tout le monde, la droite, la gauche, le centre, ses propres troupes qui le vouent aux gémonies depuis le 9 juin.

Ce 29 août, il croit enfin avoir trouvé la perle rare. « Je pense que vous pourriez faire un très bon Premier ministre », glisse-t-il au téléphone, alors qu'il est en déplacement en Serbie. À l'autre bout du fil, Thierry Beaudet reste abasourdi. Il préside le Conseil économique, social et environnemental (Cese), cette « troisième chambre » souvent critiquée pour son utilité discutable. Lui à Matignon ? Cet ancien instituteur qui a fait carrière dans le monde mutualiste a beau être vaguement marqué au centre gauche, tendance social-progressiste, il n'a jamais eu de mandat politique, n'a jamais été encarté nulle part.

C'est moins un inconvénient qu'un atout aux yeux d'Emmanuel Macron, pour qui la première mission sur la fiche de poste du Premier ministre est de ne pas faire d'ombre au président. Gabriel Attal vient de payer pour voir. Et puis, comme lorsqu'il a envisagé la piste Jean-Dominique Senard, Macron a envie de surprendre. Nommer un représentant de la fameuse et fumeuse « société civile » à Matignon, voilà à ses yeux un joli pied de nez à la société politique qui refuse de faire des compromis. Beaudet lui-même n'a pas tort quand il constate en petit comité que pendant la quinzaine des Jeux olympiques de Paris, qui vient de s'écouler, « le monde politique n'a pas manqué aux Français ».

« Réfléchissez-y, on se voit à mon retour », conclut Emmanuel Macron de sa voix enjouée. Thierry Beaudet est partant pour embrasser ce destin inespéré. Il veut simplement s'assurer de ne pas servir d'alibi à une continuation du macronisme par d'autres moyens. Surtout, il souhaite concerter tous azimuts, et pendant longtemps, avant de dessiner la moindre ligne de son plan d'action. Quand il voit Macron dans le week-end, le président ne trouve rien à y redire. La nomination est prévue pour le mardi à venir.

Mais tout déraille dès le lundi matin. La société politique se rebiffe. Les Bayrou, Attal, Darmanin sont en toupie. À l'Élysée, où Macron poursuit d'interminables consultations pour la forme, ses visiteurs sont au courant : le choix présidentiel leur est revenu aux oreilles dans le week-end. « Alors, tu vas nommer Beaudet ? » lance Hollande à un Macron pris au dépourvu, avant de lui dire tout le mal qu'il pense de cette idée. Nicolas Sarkozy en fera autant quelques heures plus tard. Thierry Beaudet a été virtuellement Premier ministre pendant quatre jours.

Xavier Bertrand le sera encore moins longtemps. Car le mardi, c'est son nom qui est tout près d'être inscrit sur le communiqué de nomination rédigé à l'Élysée. « C'est le mieux préparé », lâche Macron à ses conseillers. Ce soir-là, Nicolas Sarkozy appelle même Xavier Bertrand pour le féliciter. « C'est sûr à 99 % », croit savoir l'ancien président. Pourtant, Marine Le Pen a été claire dès le début : Bertrand à Matignon, elle censurera illico. Elle déteste cet adversaire frontal qui a battu deux fois le RN aux régionales dans les Hauts-de-France, qui s'est félicité d'avoir « desserré pour les briser les mâchoires du Front national ». Si le nordiste a été si proche d'être nommé, c'est parce qu'il a vendu à Macron une stratégie de contournement. « Je veux enjamber les partis politiques et m'adresser à leur électorat », lui a-t-il expliqué dans le secret de leurs conversations. Avec l'intention d'ouvrir des conférences avec les partenaires sociaux et de recourir à la voie réglementaire, pour se passer au maximum d'une Assemblée plus conflictuelle que jamais.

Bertrand espère-t-il ainsi échapper à la censure ? « Il faut qu'il arrête son petit jeu d'assureur », peste en tout cas Marine Le Pen devant ses lieutenants. Le RN fait bruyamment savoir à Macron qu'il ne devrait pas tenter le diable. Laurent Wauquiez, très hostile à l'idée de voir ce rival s'installer à Matignon, dit plus discrètement la même chose à Alexis Kohler. L'hypothèse Bertrand s'évapore.

Il est temps de mettre sur les rails le scénario de secours. Ce n'est même pas un plan B, mais un plan C ou D. Au début de l'été, Emmanuel Macron a vu Michel Barnier. Les deux hommes ne se ressemblent pas et ne s'apprécient pas.

Barnier n'a pas digéré que Macron ne le propose pas pour présider la Commission de Bruxelles après les européennes de 2019. À l'époque, le président avait exigé que le commissaire quitte la droite européenne pour rejoindre son propre parti. Refus de Barnier, qui a ensuite tenté de devenir le candidat LR à la présidentielle, sans succès. Il y a donc un passif. Mais dans le paysage politique français, l'ex-négociateur du Brexit, ex-commissaire européen, ex-ministre, ex-député, ex-sénateur, ex-conseiller général a une qualité : il ne fâche personne.

Depuis longtemps, Alexis Kohler est l'officier traitant de Michel Barnier à l'Élysée. Il a eu des contacts suivis avec lui tout l'été. Il le rappelle. Le mercredi, derrière leurs fenêtres, des conseillers de l'Élysée s'amusent à prendre en photo Michel Barnier arrivant dans la cour d'honneur à vélo, casque sur la tête. Le lendemain, fini de pédaler : il est Premier ministre.

Senard, Lagarde, Berger, Glucksmann, Lombard, Bouamrane, Pécresse, Beaudet, Cazeneuve, Bertrand, pour finalement atterrir sur Barnier… La valse pour Matignon de cet été 2024 donne le tournis, alors même que la liste n'est pas exhaustive. Emmanuel Macron aime-t-il à ce point jouer avec les nerfs des uns et des autres, en plus de ceux du pays ? Pas seulement. C'est surtout un indécrottable indécis. Un homme incapable de trancher avant d'avoir vu et revu, consulté et reconsulté, pesé et soupesé. Le ratio temps passé/efficacité est discutable, surtout quand on connaît la suite. Il a fallu deux mois pour nommer un Premier ministre qui tiendra trois mois.

9

Monsieur Barnier contre le nouveau monde

« Ce n'est pas le doute, c'est la certitude qui rend fou. »

Nietzsche

« Il est fascinant, Barnier ! » Jean-Louis Borloo sort d'un déjeuner avec le Premier ministre, en ce début décembre 2024. Au téléphone avec un proche, il raconte les agapes au pavillon de musique du jardin de Matignon et livre son impression : c'était lunaire. Michel Barnier lui a détaillé tous ses grands chantiers à venir, ministère par ministère : réforme des allocations sociales, relations avec les collectivités, réindustrialisation, santé mentale… Il se projette loin. Beaucoup trop, compte tenu de l'horizon qui se rétrécit à l'Assemblée, dans une ambiance pesante.

Marine Le Pen, qui vient d'encaisser de lourdes réquisitions dans le procès des assistants parlementaires du RN, est de méchante humeur. Elle menace d'apporter ses voix à une motion de censure si on n'accède pas à ses demandes sur le contenu du budget, qui est en discussion au Parlement. Michel Barnier risque de devenir le deuxième chef de gouvernement renversé sous la Ve République, après Georges Pompidou en 1962. Forcément, entre la poire et le fromage, Borloo finit par aborder le sujet. Mais devant son invité, le Premier ministre ne montre pas de signe d'inquiétude. Il en fait son affaire.

Quelques jours plus tard, c'est un Michel Barnier censuré qui déjeune, cette fois, avec François Hollande. Redevenu député après la dissolution, l'ancien président a voté sans états d'âme pour sa chute. « Tu étais dans la main du RN », lui reproche-t-il ce jour-là. Ce n'était même pas une question de programme. Dès l'été, la gauche a considéré qu'on lui avait volé la victoire aux législatives et qu'elle ne saurait épargner un Premier ministre de droite. D'autant plus s'il est maintenu en vie par Marine Le Pen.

Ainsi l'expérience Barnier s'est-elle achevée au bout de quatre-vingt-dix jours. Singulière période, pendant laquelle le moteur de la vie politique, victime de surchauffe à la suite de la dissolution, a tenté péniblement de redémarrer, avant de crachoter puis de caler lamentablement. Il est vrai que le carburant fourni était un hasardeux cocktail : un peu de macronisme revenu d'entre les morts, un peu de droite sortie de la naphtaline, avec un RN prêt à siphonner le réservoir du jour au lendemain. Ce qui a fini par se produire.

« J'ai essuyé les plâtres[1] », constate Michel Barnier, qui a tout de même réussi à retrouver

1. Entretien avec l'auteur le 15 avril 2025.

un bureau de la République, quelques semaines après sa censure, grâce à une mission qui lui a été confiée en vue de l'organisation des Jeux olympiques d'hiver 2030 dans les Alpes. « Une mission bénévole et temporaire », tient-il à préciser lorsqu'il reçoit le visiteur. Ironie du sort : l'hôtel de Cassini, où il a atterri, borde l'immense jardin de Matignon.

Pas de doute, Michel Barnier était beaucoup plus heureux dans les locaux voisins. Il assume : « J'étais content d'être Premier ministre. » Lorsqu'on a grimpé quasiment tous les échelons de la politique française et européenne en cinquante ans de carrière, il y a de quoi croire en son destin. Quand il a achevé sa mission de négociateur pour le Brexit, Barnier a eu peur qu'on l'oublie dans son pays. Au soir de Noël 2020, alors qu'il va donner une interview au journal de 20 heures de France 2 sur l'accord conclu avec les Britanniques, il suggère à la chaîne, juste avant, de ne pas hésiter à lui poser une question sur son avenir en politique nationale. « La France me manque », glisse-t-il ensuite à l'antenne, dans une indifférence assez générale. Il se lance tout de même pour la présidentielle de 2022 en proposant un moratoire sur l'immigration. Les militants LR préfèrent désigner Valérie Pécresse.

Macron réélu, Barnier ronge son frein, incapable de prendre congé du petit milieu politique. Alors il voit du monde, entretient les relations. On découvrira, après sa nomination à Matignon, à quel point son carnet de bal était encore rempli. L'homme est courtois et urbain. Quand on a l'inconvénient de ne pas enthousiasmer grand monde, on a l'avantage de ne fâcher personne. Un jour, Barnier a glissé à un fidèle, le député LR Antoine Vermorel-Marques : « Ce qui compte en politique, ce n'est pas le nombre de voix que tu auras, mais celui que tu n'auras pas. » La méthode a payé, au moment où l'on cherchait un plus petit dénominateur commun.

Quand il apparaît sur le perron de Matignon, la France de droite pousse un ouf de soulagement. Michel Barnier, c'est la politique expérimentée, policée et bien peignée. Il correspond à l'aspiration de l'opinion : un peu d'apaisement et de sérénité, après les secousses irrationnelles du macronisme. Tant pis si l'on a l'impression que la télévision revient au noir et blanc. La mode est au vintage.

La passation de pouvoir avec Gabriel Attal matérialise ce choc des cultures. Le macronisme pressé et bavard est contraint de voir revenir le « vieux monde » qu'il a tant fustigé. Frustré par son si court bail à Matignon, Attal se plante. Il confond un mot d'adieu avec une déclaration de politique générale *bis*. Il a beau profiter des longs applaudissements, son successeur ruine tout l'effet dès sa première phrase : « Je peux dire un mot, là ? »

« C'était trop long, enfonce Michel Barnier après coup. Je le regardais, il avait trois pages de discours et il a passé douze minutes sur la première page... » Gabriel Attal reconnaît sans difficulté une erreur : « Je n'ai pas fait une bonne passation. J'ai voulu dire trop de choses. La phrase sur les textes qui l'attendent sur son bureau était maladroite, ça a été compris comme des devoirs qu'il aurait à faire. Le message que je voulais faire passer, c'est qu'il était frustrant d'avoir autant bossé sur ces réformes sans pouvoir les mener à leur terme[1]. »

Sur le moment, devant la télévision, Emmanuel Macron applaudit la petite séance d'humiliation : « Barnier sait faire. » Son conseiller Bruno Roger-Petit dégaine l'une de ses formules piquantes : « C'est Molière succédant au Loft. »

Gabriel Attal connaissait Michel Barnier. Ce dernier lui a proposé un café dès sa première élection comme tout jeune député macroniste, en 2017. Depuis, ils ont pris l'habitude de se voir. Barnier sait reconnaître les monts savoyards sur les photos que poste Attal sur Instagram quand il est en vacances dans la région. Ils déjeunent parfois, comme ce jour de janvier 2024. À l'époque, Attal ne sait pas encore qu'Alexis Kohler va l'appeler le lendemain en vue d'une nomination comme Premier ministre. Pendant ce repas, Barnier lui explique qu'il sait très bien qui il faut nommer à Matignon : lui-même ! Il se dit capable de trouver une majorité, sortir le quinquennat de l'impasse. Huit mois plus tard, quand ils ont un court entretien avant la passation de pouvoir, Gabriel Attal a la confirmation de l'état d'esprit de Michel Barnier. Ce dernier ne vit pas sa nomination comme un honneur inattendu, mais comme la réparation d'une vieille injustice.

C'est aussi ce qui explique les moqueries du vieux briscard dans sa prise de parole sur le

1. Entretien avec l'auteur le 2 juillet 2025

perron. C'est que Michel Barnier est un curieux mélange de courtoisie et d'orgueil, de bienveillance et de condescendance, d'expérience et de naïveté. « Je n'ai pas d'humour mais j'apprends », l'a entendu dire un haut fonctionnaire, que la phrase a bien fait rire.

De fait, il n'est pas réputé pour ses plaisanteries, ni son second degré. Même Bruno Le Maire est plus drôle, comme le montre une anecdote parmi d'autres. Au dîner annuel du Crif, début mai 2024, celui qui est encore ministre de l'Économie est placé à la même table que Michel Barnier. Il décide de s'amuser un peu en redoublant de compliments et viles flatteries à son endroit. Barnier les prend pour argent comptant et en redemande. Le convive qui raconte la scène a dû regarder ses chaussures pour ne pas exploser de rire.

Reste que derrière Michel Barnier, la droite qui se morfondait dans cette vallée de larmes qu'est l'opposition se retrouve soudain touchée par la grâce. Pendant qu'une vague de ministres et conseillers macronistes débarquent sur le marché du privé, un autre écosystème se met en mouvement en sens inverse. Des morts de faim. Élus, hauts fonctionnaires, techniciens, communicants : cette droite CSP+ a perdu avec Sarkozy en 2012 et Fillon en 2017. Depuis, elle voit avec envie ceux qui ont cru à Macron se partager les postes et tenir les manettes.

Après douze ans de disette, les portes se rouvrent et les CV pleuvent. On fait des listes de ministres et de cabinets dont on n'osait même plus rêver. L'académicien François Sureau, qui échange régulièrement avec la future star du gouvernement Bruno Retailleau, tient sa formule : « Dernier raid sur le minibar ! »

Quand on compose un gouvernement, les candidatures ne manquent jamais. Les remaniements sont même de pénibles moments de comédie humaine, tant les uns et les autres sont prêts à aller très loin pour en être. Une nuit, l'ancien eurodéputé LR Arnaud Danjean, venu à Matignon servir Michel Barnier comme conseiller politique, est réveillé à trois heures du matin par un appel. Une urgence ? Un décès ? Non, juste quelqu'un qui veut absolument être ministre. On joue aussi, dans ce genre de période, un numéro classique : celui qui consiste à refuser un poste qui n'a jamais été proposé. Quand le député socialiste Philippe Brun sort d'un rendez-vous avec Jérôme Fournel, le directeur de cabinet de Barnier, il s'empresse de faire savoir qu'il a dit non au ministère du Budget. Mais l'équipe Barnier jure en chœur qu'il n'en a jamais été question.

Le problème, c'est qu'en parallèle, beaucoup de personnalités approchées par le Premier ministre déclinent – pour de vrai – un poste au gouvernement. Preuve, s'il en fallait, de la fragilité de l'esquif. Il faut dire que la méthode Barnier commence déjà à dérouter certains.

La façon dont il congédie Gérald Darmanin, alors même qu'il manque de visages connus dans son équipe, en est une illustration. Le ministre de l'Intérieur sortant, auréolé d'une gestion réussie des Jeux olympiques au prix de mesures de sécurité drastiques, n'a aucune nouvelle de

Barnier depuis que ce dernier est à Matignon. Il s'en plaint à Emmanuel Macron, qui fait mine d'en être scandalisé. Michel Barnier lui propose quelques heures plus tard un rendez-vous, dont le récit vaut son pesant de cacahuètes.

Le nouveau premier ministre reçoit Gérald Darmanin un samedi après-midi de septembre, alors que les athlètes des Jeux olympiques paradent sur les Champs-Élysées. « Tu connais ce bureau ? On va faire une photo ! », s'enthousiasme Michel Barnier en l'accueillant. Un photographe est là, et voilà le Premier ministre prenant la pose avec le ministre de l'Intérieur en sursis, déjà mal à l'aise d'être traité comme un jeune stagiaire. « Je t'envoie la photo, hein ! » Malaise puissance deux.

Les deux hommes s'assoient. Barnier parle des comptes publics : « Je trouve une situation déplorable. » S'ensuit une violente charge contre Bruno Le Maire, accusé de n'avoir pas tenu la dépense. Puis Barnier fait comprendre à Darmanin qu'il faudra augmenter des impôts.

« Mais tu es de droite, Michel…

— J'ai une note du Trésor, on a 7 % de déficit, nous n'avons pas le choix. »

Puis, Barnier :

« Comment est-ce que je peux t'aider ?

— Euh, tu sais, j'ai un mandat, je suis député.

— Ah oui, c'est vrai ! Je vais avoir besoin de parlementaires pour soutenir le gouvernement. »

Le Premier ministre prend ensuite un carnet et un stylo et poursuit : « Bon alors, le gouvernement… » Il énumère des noms, dit du bien d'untel ou untel. Darmanin se décompose un peu plus. Il comprend non seulement qu'il ne sera plus dans l'équipe, mais aussi que son hôte compte pousser le supplice jusqu'à lui expliquer qui pourrait y entrer à sa place.

Ce ne sera pas tâche facile. Le Premier ministre doit multiplier les coups de fil pour compléter son casting. « Il est en train de faire les fonds de tiroir », pique alors Pierre Charon, toujours dans les parages de l'Élysée. Les critères sont parfois curieux. Antoine Armand, député Renaissance depuis 2022, est bombardé ministre de l'Économie, des Finances et de l'Industrie à 33 ans. C'est certes une tête bien faite, passée par les grandes écoles, mais il a surtout le bon goût d'avoir des origines savoyardes et d'être l'arrière-petit-fils du résistant Louis Armand, grand nom de l'histoire de la SNCF.

De même, Jean-Noël Barrot, fils de l'ancien commissaire européen Jacques Barrot, est propulsé au Quai d'Orsay, au terme d'un compromis entre Macron et Barnier. « J'ai très bien connu son père », raconte le second à qui veut l'entendre. Michel Barnier est comme ça : autant il voue aux gémonies la « start-up nation », autant il croit aux lignées. Bon sang ne saurait mentir. Lui-même n'a-t-il pas tenté de caser son fils Nicolas sur la liste macroniste pour les élections européennes, en 2019 ?

Mais Michel Barnier n'a pas les mains libres. Tout le monde y va de ses exigences et de ses lignes rouges. Emmanuel Macron pose son veto à l'entrée au gouvernement de personnalités de droite dont il n'a jamais oublié les virulentes critiques. Le député Olivier Marleix (décédé depuis), le sénateur Philippe Bas ou la maire de Taverny Florence Portelli en font les frais. Mais ce sont surtout Gabriel Attal et Laurent Wauquiez qui exaspèrent le Premier ministre. Ils réclament toujours plus de poids et de postes. Barnier n'en peut déjà plus. Il rédige une lettre de démission, qu'il montre à plusieurs soutiens, dont Bruno Retailleau. Il met tout en suspens, laisse un flottement inquiétant gagner l'écosystème politique pendant quelques heures. Ce n'est pas du bluff, fait savoir à l'Élysée son conseiller Arnaud Danjean : « Vous ne le connaissez pas, il peut vous claquer entre les doigts. »

Les tractations finiront par atterrir. La machine se met péniblement en marche, mais tout le monde a déjà compris qu'elle ne fonctionnera jamais correctement. Le malaise est palpable quand Michel Barnier prononce sa déclaration de politique générale. Les applaudissements viennent essentiellement de la cinquantaine de députés LR. Sur les bancs macronistes, Gabriel Attal et Gérald Darmanin préfèrent se gausser à l'énoncé des mesures : « Ça, on l'a déjà fait... » Non seulement l'absence cruelle de toute majorité est visible, mais elle est audible.

Les rescapés macronistes de la dissolution ont beau avoir perdu les élections, ils supportent vite très mal d'être sous la coupe d'un Premier ministre issu d'un parti qui compte encore moins de députés, et qui les prend de haut par-dessus le marché. Quand Michel Barnier vient dans les réunions du groupe désormais présidé par Gabriel Attal, dans la salle Colbert de l'Assemblée, ils s'exaspèrent de l'entendre raconter ses souvenirs

– « Il y a trente ans, quand j'étais député, j'étais assis là » – plutôt que de reprendre leurs propositions pour le budget. Un budget écrit en réalité par son directeur de cabinet, Jérôme Fournel, rapidement surnommé « Docteur No » par certains parlementaires pour sa faible disposition à accéder aux diverses demandes.

Devant ses visiteurs, Gabriel Attal s'agace de la popularité soudaine de ce successeur qui ne cesse de le battre froid : « On dit que c'est le père la rigueur, mais il annonce des dépenses et augmente les impôts. » Dans son entourage, on ricane en se gaussant des horaires peu tardifs de Barnier. Le cabinet de ce dernier rétorque qu'après le passage d'Attal, le personnel de Matignon n'était plus habitué à ce que les conseillers arrivent aussi tôt. Bonne ambiance.

Michel Barnier doit aussi composer avec l'hostilité de Laurent Wauquiez, à qui il a refusé le ministère de l'Intérieur, et qui a fini par décliner Bercy. Attal-Wauquiez : un duo qui se découvre une certaine complicité, et exaspère le Premier ministre. « Ils passent leur vie à rendre la mienne infernale », se lamente-t-il en privé. Le patron des députés MoDem, Marc Fesneau, a cette prophétie : « Attal et Wauquiez veulent tuer Barnier, mais à la fin, c'est Le Pen qui le fera[1] ! »

Dans l'immédiat, c'est surtout avec Emmanuel Macron que les relations se tendent. L'ex-ministre Antoine Armand rembobine : « Le président comprend très vite que Barnier a décidé d'être Premier ministre tout seul le jour où Barnier explique

1. Conversation avec l'auteur le 8 octobre 2024.

que la situation budgétaire est très grave[1]. » Non content d'instruire le procès du macronisme et de détricoter le bilan, en demandant des efforts aux grandes entreprises et aux plus fortunés, le Premier ministre se montre jaloux de ses prérogatives, et le fait savoir. « C'est ici que ça se passe », signifie-t-il par exemple, entre les murs de Matignon, à Rachida Dati, tiraillée entre un président qui l'a fait monter au gouvernement et un Premier ministre de sa famille politique.

Michel Barnier commet le crime de lèse-majesté suprême en se mêlant des affaires européennes. Dès le premier séminaire de son gouvernement, il distille ses conseils de vétéran de Bruxelles à ses ministres priés d'assister aux réunions avec leurs homologues européens du début à la fin : « Si vous voulez croiser le regard du ministre polonais quand vous parlez, il faut que vous croisiez le sien quand il vous parle... » Les membres du gouvernement n'en peuvent déjà plus, de ces interminables leçons sur l'exercice du pouvoir. Surtout, déjà à l'étroit dans son nouveau costume de « président qui préside », Emmanuel Macron n'admet pas qu'on empiète sur ses plates-bandes. Un jour d'octobre, il demande à Barnier de renoncer à se rendre à un sommet de la droite européenne à Bruxelles alors que lui-même participe le même jour au Conseil européen. En vain.

Après coup, Barnier n'en démord pas : « Ce sont des domaines partagés, le président avait du mal à comprendre ça. Je n'ai pas besoin qu'on

1. Entretien avec l'auteur le 21 mai 2025.

m'explique que le président de la République est le plus important : j'ai passé quinze ans à Bruxelles, je voyais les chefs d'État. Mais toutes les politiques nationales sont impactées par les politiques européennes. Le président donne les grandes orientations et le gouvernement délivre. »

Macron comprend très vite qu'il s'est trompé sur Barnier, beaucoup moins malléable que prévu. Avec ce visage rassurant et cette expérience de technicien, il espérait retrouver les agréables sensations de l'époque Jean Castex, ce Premier ministre docile et sans ambition ultérieure. Raté. Entre eux, il y a d'abord des déjeuners. Puis des rendez-vous. Puis plus rien, ou presque. Écoutons Gérald Darmanin analyser le malentendu : « Ça fait quarante ans que Michel Barnier pense qu'il aurait déjà dû être Premier ministre. Quand il arrive à Matignon, il a sincèrement envie de faire le procès du macronisme, et il prend donc des mesures contraires à la politique de l'offre alors qu'il est LR. C'était une grave erreur[1]. »

Alors, même s'il craint une nouvelle période d'instabilité, Emmanuel Macron peine à cacher une joie mauvaise quand il voit se profiler la censure. L'un de « ses » rares ministres qui ont survécu à la dissolution la prédit des semaines à l'avance. Depuis les intimidants salons de l'hôtel de Brienne, Sébastien Lecornu voit venir le coup de canon. Pourquoi donc Marine Le Pen laisserait-elle passer un budget rempli d'impôts, de taxes et de coupes sèches ? Après coup, le cabinet Barnier soupçonnera d'ailleurs le ministre

1. Entretien avec l'auteur le 18 juin 2025.

des Armées de duplicité. Pourquoi n'a-t-il pas fait part de ses doutes à son supérieur hiérarchique ? Avait-il des informations qu'il n'a pas partagées, lui qui a des contacts avec Marine Le Pen et Jordan Bardella ? Quoi qu'il en soit, Lecornu a toujours considéré que Barnier n'était que de passage. Lui qui s'occupe des grandes menaces du monde ne répond qu'au président.

Autour d'Emmanuel Macron, on partage un constat : Michel Barnier n'est pas fait pour appréhender une Assemblée fracturée, ou le RN et LFI occupent plus d'un tiers des sièges. Ses discours un brin paternalistes et ses manières vieille France ne collent pas à l'époque des réseaux sociaux et de la polarisation hystérique. C'est Hibernatus qui se réveille à l'ère de la décivilisation politique. À l'époque où Michel Barnier était élu de Savoie, le vote Front national n'y existait pas. Aujourd'hui, il cartonne. Sa méconnaissance du parti lepéniste l'aveuglera sur le danger qui le guette.

Marine Le Pen commence à resserrer l'étau. Elle enchaîne les réclamations sur le budget, demande qu'on lâche du lest sur le prix de l'électricité, le déremboursement des médicaments, l'indexation des retraites. Mais est-ce vraiment le sujet ? Au cabinet Barnier, on a noté un changement d'attitude depuis le 13 novembre, quand de lourdes réquisitions se sont abattues sur Le Pen dans l'affaire des assistants parlementaires. Le même jour, la prévenue a appris l'hospitalisation de son père après une dégradation de son état de santé.

Mais sur le moment, Michel Barnier ne saisit pas qu'un engrenage s'est mis en branle.

Il manque de contacts directs avec Marine Le Pen pour comprendre sa psychologie, mais aussi d'interlocuteurs crédibles qui pourraient lui dire de quel côté la pièce va tomber. D'autant que de son côté, Jordan Bardella diffuse un discours rassurant auprès du cabinet de Matignon.

Que ce soit de l'intox ou un double jeu, Barnier est tombé dans le piège. Il conteste pourtant toute erreur : « J'ai su à la fin novembre que le budget n'était pas le sujet pour Marine Le Pen. Elle s'est trumpisée. La chute du gouvernement faisait partie du désordre qu'elle voulait démontrer. » Il se drape dans une posture sacrificielle : « J'étais très content d'être Premier ministre, mais je ne voulais pas perdre ma crédibilité. J'ai compris que le RN était un parti organisé autour de Marine Le Pen et pour elle. Et que l'intérêt du pays n'a pas compté. »

Michel Barnier n'a pas cédé à l'ultime réclamation officielle de Marine Le Pen, l'indexation totale des pensions de retraite. Il savait, en engageant l'article 49.3 à la tribune de l'Assemblée, qu'il montait sur l'échafaud. Comme si, tel le Richard II de Shakespeare acculé par ses ennemis et conspué par ses alliés, il voulait au moins pouvoir dire : « *With mine own hands I give away my crown*[1]. »

Des mois après, Michel Barnier ressasse. Persuadé qu'il était déjà en train de redresser la France. « Le lendemain de la censure, je devais aller en Italie voir madame Meloni. Elle ne s'entend pas avec le président, mais bien

1. « De mes propres mains je renonce à ma couronne. »

avec moi. J'ai dû annuler tous mes rendez-vous prévus. J'ai aussi annulé une audience avec le pape, le président n'était pas au courant de cette audience d'ailleurs. Et le surlendemain, Madame von der Leyen est partie en Amérique latine signer le Mercosur. » Un camouflet pour la France et pour Emmanuel Macron, opposé à cet accord de libre-échange mais menacé de se faire rouler dessus par Bruxelles. Barnier en est convaincu : s'il était resté à Matignon, jamais la présidente de la Commission n'aurait franchi le pas.

Reste ce goût amer. Ce n'est même pas de l'inachevé : le barniérisme au pouvoir n'a jamais vraiment commencé. Michel Barnier a vaguement tenté de construire quelque chose sur les cendres du macronisme incendié par son propre créateur. Mais tout était encore trop abrasif. Et lui-même n'a pas toujours su passer la lance à eau sur les braises, loin de là.

Tous ses collaborateurs en témoignent : Michel Barnier est un bon chef, attentif et humain dans les rapports de travail, exigeant mais réglo. Après la censure, il prend le temps de recaser ses collaborateurs, qui ont tout quitté pour une aventure brutalement écourtée. « Tu en es où ? De quoi as-tu besoin ? » L'équipe Barnier a vécu une étrange parenthèse, dont la fermeture a été aussi soudaine que l'ouverture. Le conseiller Arnaud Danjean, qui n'a jamais été très optimiste sur l'aboutissement de l'équipée, n'en retire pas d'amertume : « Nous n'étions pas des petits mecs attirés par les attributs du pouvoir. Pas de problème pour mourir sur le champ de bataille avec le patron[1] ! »

Même si les soldats sentent bien que le chef aimerait repartir en campagne un jour. Michel Barnier a repris son statut hybride : un retraité de la politique qui se considère comme toujours dans la vie active. Il réunit régulièrement ses anciens ministres et des parlementaires, pose à la montagne pour *Paris Match*, publie un livre, s'investit dans le parti LR désormais présidé par Bruno Retailleau, qui a poussé sa nomination à Matignon. Et tente même un retour à l'Assemblée nationale, où il a siégé pour la dernière fois en... 1993.

Comme avant l'été 2024, il se voit comme un recours. Ce qu'il n'a pas pu faire à Matignon, il rêve de le faire à l'Élysée. Tant pis si la coalition entre le camp Macron et LR a vite montré toutes ses limites : il est persuadé que ce « socle commun » devra avoir un unique candidat en 2027. « C'est la base minimale obligatoire pour la droite et le centre à la présidentielle. » Et quand on lui fait remarquer qu'il ne sera pas évident de fédérer Gabriel Attal et Bruno Retailleau dans un même camp présidentiel, il réactive, encore et toujours, ses souvenirs : « Ce n'est pas plus difficile que d'avoir Simone Veil et Charles Pasqua dans le gouvernement Balladur. »

1. Entretien avec l'auteur le 26 mars 2025.

10

La défaite du vendredi 13

> « Les hommes politiques et les couches doivent être changés souvent… et pour les mêmes raisons. »
>
> George Bernard Shaw

Les conversations politiques s'ébruitent assez facilement. Pour nous autres journalistes, il est souvent aisé de « craquer » leur contenu, comme dirait un hacker informatique. « Trois personnes peuvent garder un secret, si deux d'entre elles sont mortes », disait Benjamin Franklin. Par intérêt d'orienter l'information ou tout simplement par gourmandise de celui qui sait, les sources sont bavardes. L'accouchement est parfois long, mais la vérité finit en général par éclater. Heureusement pour l'information du public et, accessoirement, pour notre gagne-pain.

Le petit-déjeuner tenu le vendredi 13 décembre 2024 à l'Élysée par Emmanuel Macron et François Bayrou reste toutefois un code difficile à percer. Il est vrai qu'il se passe, ce matin-là, un fait politique peu anodin. Un Premier ministre se nomme lui-même, en forçant la main du président alors que celui-ci n'en voulait pas. C'est un nouveau symptôme du crépuscule macronien. Et l'aboutissement raté d'une opération de sournoiserie poussée à un très haut niveau par le chef de l'État.

Avec le recul, il est possible de reconstituer des bribes de ce rendez-vous, au-delà des phrases toutes faites rapportées par des entourages soucieux que le narratif tourne à leur avantage. Ce matin-là, François Bayrou arrive à l'Élysée en pensant qu'Emmanuel Macron va le nommer Premier ministre. C'est son tour, il en est convaincu. Mais Macron, comme à chaque changement de gouvernement depuis 2017, ne compte toujours pas s'encombrer de Bayrou à Matignon.

Il tente de l'annoncer avec diplomatie à l'intéressé. Il lui indique qu'il s'apprête à nommer Sébastien Lecornu, ce ministre des Armées issu de la droite et devenu un proche du président, mais en l'entourant d'une équipe de poids lourds politiques. Et parmi ces éminentes personnalités figurerait un certain… François Bayrou, qui aurait ainsi l'occasion de faire son retour au gouvernement. Elle n'est pas belle, la vie ?

Pour Bayrou, cette dernière proposition est l'affront suprême. « C'est une insulte », éructera-t-il une fois sorti du bureau présidentiel. Pour l'instant, face à Macron qui tente de lui faire avaler la pilule, il tire ses cartouches, une par une. Lecornu à Matignon, comment fera-t-il pour s'attirer la bienveillance d'une partie de la gauche afin de faire adopter le budget sur lequel Michel Barnier est tombé ? Et lui, le politique madré et bien plus connu du grand public, ne sera-t-il pas un meilleur paratonnerre pour un président dont ses opposants réclament la démission ? « Je vous protégerai », assure-t-il à Macron, en évoquant le spectre d'une présidentielle anticipée.

Le président n'en démord pas. Alors Bayrou passe aux menaces. Il lance à Macron, grandiloquent :

« Est-ce que vous vous êtes déjà demandé pourquoi, en huit ans, je n'ai pas une seule fois pris mes distances avec vous ?

— Pourquoi ?

— Parce que je croyais que nous allions faire de grandes choses. Si vous choisissez des solutions médiocres, alors ce n'est plus notre contrat. »

L'acte de divorce est prêt. Bayrou annoncera la fin brutale du mariage conclu en 2017. Ce sera un journal de 20 heures ou une conférence de presse, voire les deux. Macron teste son allié, tente de voir jusqu'où il est prêt à aller. Réponse : très loin. Si c'est un gouvernement Lecornu, Bayrou se dit prêt à apporter les voix du MoDem à une motion de censure. Le président encaisse. Puis il conclut l'entretien, sans trancher : « Laissez-moi réfléchir… »

Emmanuel Macron déteste le conflit. Quand il est resté sur une conversation tendue avec un interlocuteur, il est capable de reprendre langue avec lui comme si de rien n'était et de redoubler d'amabilités en pensant effacer le passif. Quand il est mécontent d'un collaborateur, il le fait comprendre à tout le monde sauf à l'intéressé. Quand il sait que l'un de ses plus proches sera en frontal désaccord avec lui, il évite carrément de lui demander son avis. Mais il n'a pas pu esquiver cette séance d'explication avec François Bayrou. Il pensait en faire son affaire, comme à chaque fois qu'un sujet de vexation se présente depuis 2017. Mais cette fois, le Béarnais fait bloc. Ce n'est pas qu'il est spécialement en position de force, mais le président, lui, est devenu tellement faible.

Surtout, Bayrou en a assez que Macron se joue de lui. Depuis la censure de Michel Barnier, rien dans l'attitude du président ne lui laisse penser que ce ne sera pas lui. Pourtant, l'homme connaît par cœur les farces et attrapes du pouvoir. Et puis il est de ceux qui pratiquent la séparation de l'affect et de la politique, au contraire d'une jeune génération biberonnée au narcissisme et aux émotions. Bayrou sait que ce que lui a signifié Macron revient peu ou prou à la réplique de Michael Corleone dans *Le Parrain* : « *It's not personal, Sonny. It's strictly business.* » Mais s'il n'est pas décidé à se laisser faire, c'est parce qu'il s'est construit, depuis quelques semaines déjà, un univers mental dans lequel il est déjà à Matignon.

Pour comprendre son cheminement, il faut remonter le temps. Quand il a conclu son mariage politique avec Emmanuel Macron en 2017, François Bayrou ne savait pas encore qu'il souffrirait autant du complexe de la pièce rapportée. C'est pourtant la logique des choses. Emmanuel Macron considère le patron du MoDem comme une force d'appoint. S'il n'a jamais envisagé de le nommer à Matignon, au-delà de sa conception du Premier ministre comme d'un poste d'exécutant, c'est parce qu'il n'a jamais voulu inverser le rapport de forces et mécontenter ses troupes. Confier le pouvoir à la force minoritaire, c'est prendre le risque que la force majoritaire se rebiffe.

Cet été 2024 encore, après la dissolution, François Bayrou comprend tout de suite que ce ne sera toujours pas son tour. Bien sûr, il pense être l'homme de la situation. Mais comme il le répète devant ses proches, « les raisons invoquées pour ne pas me nommer depuis sept ans seront les mêmes ». Et puis, après la cuisante défaite des législatives, il pense qu'il est plus habile d'aller chercher un Premier ministre en dehors du camp présidentiel. Mais si Bayrou a compris qu'il ne serait pas le premier choix, il pense déjà être le second. « Si la situation devient celle d'une crise inédite, alors... » Il peut être la deuxième vague du débarquement quand la première aura été massacrée. Or, sur ce dernier point, il a assez peu de doutes.

Alors le centriste se prépare déjà et met ses proches à contribution. Avec Marc Fesneau, ministre de l'Agriculture démissionnaire, il dresse une liste de personnalités qui pourraient former un futur gouvernement de compromis. À Patrick Mignola, un fidèle retourné dans le secteur privé après avoir été battu aux législatives de 2022, il propose d'ores et déjà de rejoindre l'équipe virtuelle. À Éric Thiers, un haut fonctionnaire qui l'a servi au Haut-Commissariat au plan, il parle de la composition du futur cabinet de Matignon.

François Bayrou apprécie Michel Barnier – sans doute l'un des ex-RPR les plus compatibles avec l'ex-UDF – et ne lui met pas de bâtons dans les roues. Mais à l'automne, plus il le voit patauger dans le marécage parlementaire, plus il anticipe sa chute. Le Premier ministre est dans les mains du RN, et cela va mal finir, prédit-il lors de ses rendez-vous avec la presse : « Un parti populiste ne peut pas soutenir un gouvernement impopulaire. » Devant ses proches, il est encore plus explicite : « Barnier ne passera pas Noël. »

Le dernier week-end de novembre, alors que la censure de ce dernier se profile, Bayrou participe à des rencontres littéraires intitulées « Les idées mènent le monde », à Pau. Au dîner, les convives comprennent que le maire de la ville a un dessein plus immédiat : les circonstances vont le mener à Matignon. Le vin aidant, Bayrou se livre : quand il retournera à Paris, la semaine prochaine, ce sera pour être nommé Premier ministre. « Je ne vois pas comment il pourrait en être autrement, cette fois. »

Cette assurance, François Rebsamen la ressent aussi lorsqu'il reçoit un coup de fil de François Bayrou qui lui propose d'entrer au gouvernement. « Tu prends ce que tu veux ! » lance-t-il au maire socialiste de Dijon, avec lequel il s'entend bien depuis longtemps. Xavier Bertrand, qui voit Bayrou une semaine avant sa nomination, entend exactement la même phrase. Petit détail : celui qui distribue déjà les maroquins n'est pas encore Premier ministre.

« Tu es sûr qu'il n'y a pas Lecornu dans les tuyaux ? » L'alerte vient de Jean-Louis Borloo, qui anticipe un mauvais coup d'Emmanuel Macron. Il sait de quoi il parle : lui a été humilié il y a quelques années, quand le président a envoyé publiquement à la poubelle un rapport sur les banlieues qu'il venait de lui rendre. Le mardi 10, Bayrou voit Macron. En sortant, il assure à Borloo que le président a évacué d'emblée le sujet Lecornu.

Rien n'est plus faux. François Bayrou n'est que le plan B, et encore. Le plan A s'appelle bien Sébastien Lecornu. Dès le jour de la censure de Michel Barnier, quand le président appelle le Premier ministre déchu, il ne lui cache pas son intention de nommer le ministre des Armées. Commencent alors plusieurs jours de travail en temps masqué entre le président et le très discret Lecornu. Les deux hommes avancent sur l'ossature du gouvernement, la méthode pour obtenir une non-censure. Plusieurs sources rapportent que la veille du vendredi 13, alors qu'il rentre d'un voyage en Pologne, c'est avec Lecornu que Macron dîne tardivement.

Quelques heures plus tôt, une indiscrétion sonne comme une nouvelle alerte aux oreilles de François Bayrou. *Le Figaro* révèle qu'Emmanuel Macron songe à une troisième piste : Roland Lescure, député Renaissance et ancien ministre. Le mercredi, après une cérémonie de décoration à l'Élysée, le président a reçu cet engagé de la première heure en macronie. La conversation était tout en allusions. Quelle solution voit-il ? Comment ferait-il ? Lescure, qui depuis des semaines enquille les rendez-vous avec des responsables de tous bords, déroule sa thèse : une « coalition des raisonnables » qui permettrait de ne pas dépendre de Marine Le Pen, avec un Premier ministre tendance centre gauche. Suivez son regard. Mais la simple révélation de son nom tue l'hypothèse dans l'œuf : Lescure est d'une gauche libérale-libertaire qui rebute le RN, mais aussi l'aile droite du camp Macron.

Devant ses proches, François Bayrou hausse les sourcils. Si le président agite un leurre, c'est qu'il en a besoin pour débrancher la piste de sa nomination et paver la voie au plan Lecornu. La veille du vendredi 13, alors que la nuit est tombée depuis longtemps, il confie quelques inquiétudes au téléphone à Marc Fesneau : il n'a plus de nouvelles de Macron depuis vingt-quatre heures. Mais si le président l'a convié à petit-déjeuner le lendemain matin, ce n'est pas pour beurrer les sandwichs, se rassure-t-il. Et si l'entretien tourne mal, il est bien décidé à lui dire ses quatre vérités. On connaît la suite.

En sortant furibard de l'Élysée, le lendemain, François Bayrou ne donne pas de détails à ses proches qui essaient désespérément de le joindre. Il appelle Richard Ferrand, l'ancien président de l'Assemblée nationale reconverti dans le conseil, et lui demande s'il peut venir au Haut-Commissariat au plan. Mais Ferrand attend une livraison. Alors Bayrou va chez lui. Ce sont des retrouvailles entre deux grands brûlés de la macronie. Leurs relations passées ont été houleuses. Ils ont failli en venir aux mains en 2017, lorsqu'ils se disputaient comme des chiffonniers sur les investitures aux élections législatives. Depuis, la complicité qui lie les grognards les a rapprochés, autant que la détestation de ces courtisans qui gravitent autour de l'empereur alors qu'ils n'étaient pas de cette bataille du pont d'Arcole que fut la campagne de 2017.

À Richard Ferrand, François Bayrou raconte, rougeoyant, son entretien avec Emmanuel Macron. Il dit tout le mal qu'il pense de cette mauvaise manière. « Quelle duplicité ! » s'époumonne-t-il. Ferrand, qui a quelques jours plus tôt défendu la nomination de Bayrou auprès du président et d'Alexis Kohler, l'interroge sur la fin de l'entretien avec Macron :

« Il m'a remercié de ma franchise et m'a dit que l'on se reparlait.

— Mais... tu es nommé, François ! »

Ferrand connaît son Macron. Il sait qu'en poussant le président dans ses retranchements, Bayrou vient de réussir le test. Cornérisé, le chef de l'État a déjà cédé. De fait, à l'Élysée, Macron vient de lâcher à ses conseillers, sans entrer dans le détail : « Ce sera Bayrou. » Aux alentours de 11 h 30, sur le portable du maire de Pau où défilent les appels manqués de ses amis – Jacqueline Gourault, Marc Fesneau, Patrick Mignola... – un autre nom s'affiche soudain : celui de la secrétaire particulière d'Emmanuel Macron. François Bayrou est de nouveau convié à l'Élysée. Ça tombe bien : le livreur de Richard Ferrand arrive.

Bayrou veut-il conserver un parfum de mystère jusqu'au dernier instant ? Lorsqu'il revient au palais présidentiel, avant d'être couronné, il a besoin d'aller là où le roi va seul. Il ordonne alors de fermer les portes des bureaux de l'aile Madame, celle par laquelle il est entré, afin qu'on ne le voie pas se diriger vers les toilettes. Les conseillers rigolent de tant de cachotteries.

Emmanuel Macron le reçoit avec ces mots : « Je n'ai pas eu besoin de réfléchir, j'étais convaincu quand vous êtes parti. » En sortant, François Bayrou appelle une nouvelle fois Richard Ferrand :

« Je suis nommé.

— Félicitations !

— Pas de félicitations entre nous… Nous sommes frères d'armes ! »

Ferrand sourit au bout du fil. La grandiloquence ne l'atteint plus beaucoup. Il en a tant vu. Il sait en revanche qu'à partir de ce moment précis, la relation déjà ambiguë entre Macron et Bayrou va virer à la détestation. C'est inévitable.

Bayrou, lui, préfère raconter qu'il a dessillé les yeux de Macron, en faisant valoir sa fidélité : « À ce moment-là, le président sait qu'il a un allié, et en fait un seul. Pour le reste, il mesure, ce qui arrive souvent dans les moments de crise, qu'il y a un désert autour de lui. Je lui ai parlé de notre aventure commune, du sens que cette prise de risque de huit années avait pour moi. Je pense que cette conversation, dure et profonde pour lui comme pour moi, lui a fait voir les choses autrement. »

Cela lui a permis de gagner son bras de fer. « J'ai un peu forcé la porte ! » rigolera-t-il auprès de ses interlocuteurs. « Il était venu pour un entretien de convenance qui s'est transformé en entretien d'embauche ! » débriefera l'ami Patrick Mignola[1]. À ce dernier, la façon dont Bayrou s'est imposé rappelle la réplique impeccable de Clemenceau lorsque le président du Conseil Ferdinand Sarrien, qui prépare la formation d'un gouvernement, l'accueille par les politesses d'usage :

« Vous prendrez bien quelque chose ?

— L'Intérieur ! »

François Bayrou, dont l'immodestie est notoire, ne se compare pas à Clemenceau, mais à Henri IV. Il croit aux signes. Être nommé le jour anniversaire de la naissance de ce roi réconciliateur en est un à ses yeux. Ce jour-là, Emmanuel Macron a le mauvais rôle du ligueur Charles de Mayenne, forcé de se rallier au panache blanc du Béarnais. Il prendra sa revanche neuf mois plus tard, quand François Bayrou précipitera sa propre chute et que le président pourra enfin appeler le fidèle Sébastien Lecornu à Matignon. Neuf mois à ronger son frein, et à ruminer son impuissance.

1. Entretien avec l'auteur le 23 juin 2025.

11

Bayrou, la fuite de la rue de Varenne

« L'un des problèmes de notre société, c'est que les gens ne veulent pas être utiles mais importants. »

Churchill

Si le temps n'était pas bien trop nuageux pour un mois de juillet, François Bayrou serait une ombre dans le contre-jour. Au fond de son bureau aux dorures étincelantes, il est assis dos à la fenêtre qui donne sur le vaste jardin de Matignon, où l'on aperçoit la pelouse impeccablement tondue. Sur la grande table de réunion en verre, devant lui, des feuilles volantes couvertes de notes, une théière, un ordinateur Mac, des piles de parapheurs, un livre de Roberto Saviano.

François Bayrou est fier de lui. Alors que la France s'assoupit tranquillement dans la torpeur de l'été 2025, il vient de présenter au pays un plan pour tenter d'entamer le redressement des finances publiques. La potion est amère. Plus de 40 milliards d'euros d'économies, avec suppression de jours fériés, gel des dépenses des ministères et des prestations sociales, maîtrise des dépenses de santé, coupes dans celles des collectivités. Tout cela n'est encore qu'un projet. Mais si Bayrou est satisfait, c'est parce qu'il a réussi à démentir l'étiquette qu'on lui accole depuis si longtemps : celle d'un mollasson accroché à sa longévité dans la vie politique, qui reculerait devant la moindre décision courageuse.

Un message tombe sur son portable. C'est Emmanuel Macron. Le président a été le premier surpris par les annonces de Bayrou. Le premier ministre se rengorge : « On se parle tout le temps. Et je crois qu'on se comprend. Parfois, je ne suis pas très souple ! Mais il sait que je ne fais pas semblant, que je ne cherche pas à durer et à éviter les obstacles, contrairement à ce que ses entourages ont pu lui dire[1]. » Il ne croit pas si bien dire. Son plan budgétaire lui coûtera son poste quelques semaines plus tard.

Si Bayrou est tombé, c'est d'abord parce qu'il avait la tâche impossible de régler la note faramineuse de l'ère Macron : mille milliards de dette publique en plus. Lui qui depuis longtemps a fait de la réduction de cet endettement l'un de ses grands combats a vu le président faire tout l'inverse, en dépensant sans compter. « Il y a eu les gilets jaunes, le Covid, la guerre en Ukraine, l'inflation, l'excuse-t-il. C'était une succession de tuiles, qui a contrarié l'élan du début du quinquennat. Le problème principal, c'est sans doute que le "quoi qu'il en coûte" a duré trois ans au lieu d'un an. J'avais diagnostiqué depuis

1. Entretien avec l'auteur le 23 juillet 2025.

longtemps que l'argent public distribué à tous et en toutes circonstances est une addiction. C'est comme la drogue. On en est arrivé à distribuer des subventions pour ressemeler les chaussures, c'est complètement zinzin ! Du point de vue du montant, c'est peu de chose. Mais du point de vue du symbole… Cette addiction sans limites a mis la France dans une situation de péril mortel. »

Bayrou a tenté d'endosser les habits du sauveur courageux. Il pensait avoir trouvé un récit gagnant-gagnant. S'il réussit, il récoltera les lauriers de l'exploit. S'il échoue, il pourra dire qu'il aura pris ses responsabilités. Sa chute laissera pourtant une impression de grande amertume. Quand il provoque un vote de confiance de l'Assemblée, en septembre 2025, on songe à une manœuvre mûrie avec soin. En réalité, il n'y a pas de plan. Rien n'a été fait pour amadouer les socialistes ou le RN, qui ne se font pas prier pour servir à leurs électeurs la tête du Premier ministre sur un plateau.

La consternation gagne les ministres quand ils découvrent cette cruelle réalité. Emmanuel Macron a pourtant validé l'idée lors de l'entretien qu'il a eu avec François Bayrou à la fin de ses vacances au fort de Brégançon. Le Béarnais lui aurait-il laissé entendre, à tort, qu'il avait assuré ses arrières en passant quelques coups de fil chez ses opposants ? « C'est entièrement faux », se récrie Bayrou qui, deux jours avant sa chute, doit bien constater que le coup de poker a échoué : « J'ai voulu cet électrochoc. Le président et moi étions conscients qu'il n'y avait pas de garanties. Mais nous imaginions que les forces politiques pourraient faire preuve d'esprit de responsabilité pour les unes, d'intérêt bien compris pour les autres[1]. » Un pari perdu qui donnera l'étrange impression d'un suicide politique, alors que François Bayrou n'avait aucunement l'intention de mourir asphyxié comme Michel Barnier, dans les affres de négociations impossibles avec des opposants qui en réclament toujours plus. Emmanuel Macron ne le pleurera pas une seule seconde, pressé de passer à autre chose, c'est-à-dire à la nomination à sa place de Sébastien Lecornu, jugé bien plus fiable et loyal.

Voici la fuite de la rue de Varenne, qui replonge la France dans la crise politique. Tout Bayrou est là : un peu de panache dissimulant beaucoup d'orgueil et une sacrée dose d'improvisation. C'est sans doute ce que l'on retiendra de ses neuf mois à Matignon, où il a comme incarné l'inexorable paralysie de cette pénible fin de règne.

Bien sûr, son état d'esprit était inverse quand il a été nommé, fin 2024. Bayrou se voit alors comme un réparateur des erreurs commises depuis 2017, plutôt que comme celui qui vient simplement éteindre les lumières du macronisme. Et puis il se sent prêt. L'avantage d'avoir imaginé pendant quarante ans son arrivée au pouvoir, c'est qu'on a tout en tête quand l'avènement arrive enfin. Quitte à ce que la notice soit légèrement périmée. Aux journalistes qui l'interrogent en privé sur le contenu de sa déclaration de politique générale à venir, il répond avoir tout en tête depuis 2007, cette campagne où il s'est vraiment vu président.

1. Conversation avec l'auteur le 6 septembre 2025.

Depuis longtemps, il mûrit sa méthode et son casting idéal. Franz-Olivier Giesbert racontait déjà, dans ses *Derniers carnets*[1], les intentions de Bayrou pendant la campagne présidentielle de 2012, la dernière où il a été candidat : « Il appellera aux affaires une équipe où se retrouveront tous ceux qu'il respecte : François Fillon, François Hollande et Alain Juppé. Il est certain de son coup, c'est comme si c'était déjà fait. » Treize ans ont passé, mais ce n'est pas grave, il fera avec la génération d'après. « Je vais proposer à tout le monde d'embarquer sur le bateau avec moi », expose-t-il au sénateur macroniste François Patriat alors qu'il compose son équipe. Il veut une *dream team*, comme on le disait du gouvernement Jospin. Il rappelle très vite Gérald Darmanin et Élisabeth Borne, qui ne se font pas prier, eux qui sont malheureux comme les pierres à l'Assemblée. Mais ses tentatives d'élargir le spectre au centre gauche n'aboutissent pas. C'est en vain qu'il approche Raphaël Glucksmann, Bernard Cazeneuve, Yannick Jadot, ou encore Pierre Moscovici qu'il aurait bien vu revenir à Bercy. À droite, il garde sans hésiter Bruno Retailleau à l'Intérieur et propose le ministère de la Justice à Xavier Bertrand, mais cette nomination capotera. « Pour ne pas déplaire à Le Pen[2] », persifle Bertrand tandis que Bayrou se dédouane : « J'ai envisagé de le nommer. Mais après notre échange, j'ai compris que son projet pour la justice était trop violent, ça ne

1. Flammarion, 2012.
2. Entretien avec l'auteur le 15 juillet 2025.

correspondait pas à ce que je souhaitais. Je lui ai alors proposé l'Agriculture, et il a refusé. »

Le casting final sera bien moins illustre que dans les rêves de François Bayrou. Il n'en fera pas moins confiance à ses subordonnés, qui ont toute liberté de parole. C'est la fin du verrouillage paranoïaque typiquement macronien, des interviews méticuleusement relues et corrigées à Matignon et à l'Élysée. Tant pis pour l'avertissement formulé par le cardinal de Retz dans ses mémoires : « Il sied encore plus mal à un ministre de dire des sottises que d'en faire. »

Les membres du gouvernement, qui n'en attendaient pas tant, louent cette absence totale de micromanagement. Voici venu le Premier ministre « cool », comme le dit le socialiste François Rebsamen, qui le connaît de longue date. Les mauvaises langues supposent plutôt que Bayrou n'a aucune envie de se coltiner les détails techniques de chaque sujet. Un conseiller élyséen s'étonne de ne l'avoir jamais vu avec un dossier sous le bras. Quand Bayrou reçoit le maire de Marseille, Benoît Payan, c'est sans aucun conseiller à ses côtés pour l'épauler sur les sujets du rendez-vous. Un jour que la très technicienne Élisabeth Borne croise une ancienne ministre, elle s'agace de cette improvisation permanente : « Moi, on me reproche de lire des fiches quand je réponds, mais au moins je travaille ! »

Marc Fesneau, en fidèle de longue date, sait ce que le patriarche centriste peut avoir de déroutant : « On me demande quelle est sa méthode. Mais Bayrou, ce n'est pas une méthode, c'est un style[1]. » Le Premier ministre donne parfois l'impression de favoriser le bazar en imaginant qu'il en tirera parti. « Bayrou est 100 % politique. C'est pour ça qu'il déroute les technos[2] », observe Gérald Darmanin, qui s'entend bien avec lui, en tout cas aussi bien qu'un ex-RPR puisse s'entendre avec un ex-UDF. Un jour, lors d'un déplacement à Pau, Bayrou lui a glissé : « Longtemps j'ai cru que, pour gagner, il fallait être le plus intelligent. Je me suis trompé. Il faut avoir le plus de volonté. »

Vouloir est une chose, faire en est une autre. Dès ses débuts à Matignon, François Bayrou n'a pas son pareil pour tout placer en apesanteur. Les ministères, les administrations, son propre cabinet attendent désespérément des arbitrages qui ne viennent pas. Il reporte plutôt qu'il ne décide. Il discourt sur ce qui ne va pas et ce qu'il faudrait faire pour que ça aille mieux, mais le diagnostic se transforme rarement en ordonnance. Il se pose en vieux sage, cite sa longue expérience à l'appui, mais ne tranche pas. C'est maître Yoda sans le sabre laser.

Il gagne du temps, certes avec l'art et la manière. Comme lorsqu'il met sur pied un « conclave » pour rediscuter de la précédente réforme des retraites, afin de s'attirer la bienveillance du Parti socialiste. Derrière les murs du Sénat, Gérard Larcher s'en amuse : « Ça va moins vite qu'à la chapelle Sixtine, il faut dire qu'il n'y a pas le Saint-Esprit ! » L'opération finira par échouer, mais elle aura permis d'étirer le temps pendant quasiment un semestre.

1. Entretien avec l'auteur le 14 avril 2025.
2. Entretien avec l'auteur le 18 juin 2025.

François Bayrou s'est toujours méfié des réformes à la cavalcade des débuts de l'ère Macron. Il a toujours méprisé cette haute technocratie qui entend imposer des solutions bâties dans des bureaux. Il a toujours craint de braquer ce pays profond d'où il vient. Est-ce le traumatisme de son passage au ministère de l'Éducation nationale, quand des centaines de milliers de personnes ont défilé contre sa tentative de réformer la loi Falloux ? Son lointain successeur à ce poste, Jean-Michel Blanquer, a brossé de lui un portrait saignant dans le livre où il raconte ses années de ministre de l'Éducation nationale. Bayrou y est méchamment décrit comme « le génial inventeur du volontarisme d'atmosphère, une fumée que l'on sent toujours mais que l'on ne voit jamais[1] ».

À sa décharge, le Premier ministre n'a quasiment aucune marge de manœuvre. Gradé sans armée, dépourvu de toute majorité, il doit composer avec une Assemblée qui ressemble à Stalingrad en 1943, toute proportion gardée. Il faut dénicher des trous de souris pour tenter d'y glisser des textes de loi, sans aucune certitude sur leur devenir. D'un bout à l'autre de la classe politique, tout le monde ou presque a acté que le système est bloqué et qu'il ne se passera rien avant 2027. Bayrou ne peut rien faire, mais c'est encore ce qu'il fait de mieux.

Cette image immobile, il la démentira avec éclat en proposant à l'été 2025 un plan budgétaire lucide mais salé, qui précipitera sa chute. Car si l'affichage est spectaculaire, le service après vente est inexistant. Plutôt que de négocier en coulisses

1. *La Citadelle*, Albin Michel, 2024.

avec les oppositions pour trouver un chemin, Bayrou préfère prendre à témoin l'opinion. Son seul été à Matignon, il le passe à tourner des messages vidéo dont le nombre de vues sur YouTube est ridicule. Le résultat : une déroutante démission forcée, après l'échec d'un vote de confiance qu'il a lui-même sollicité auprès des députés.

Si Bayrou surprend, en bien comme en mal, c'est parce qu'il a le culte du secret, lui qui a toujours fonctionné en vase clos. À Matignon, il n'a rien changé de ses réflexes ni de son entourage. Il travaille avec un petit cercle, des amis historiques, tandis que les conseillers techniques de la maison ont toutes les peines du monde à l'apercevoir. C'est un solide pack de fidèles, qui ont traversé bien des déserts à ses côtés. « J'ai toujours dit que s'il arrivait à Matignon, j'étais prêt à venir passer l'aspirateur[1] », rigole Patrick Mignola, qui héritera du poste pas forcément moins pénible de ministre des Relations avec le Parlement. « On a déjà sauté plusieurs fois sans parachute avec lui, alors on ne panique pas quand c'est difficile », a coutume de philosopher Marc Fesneau.

Avec ce premier cercle, Bayrou a le coup de fil facile. Comme lorsqu'on lui soumet une idée de nomination. « Elle en pense quoi, Jacqueline ? » Et le voilà qui appelle Jacqueline Gourault, nommée au Conseil constitutionnel en 2022 après un long compagnonnage politique auprès de lui.

Ses relations avec la presse restent les mêmes : directes. François Bayrou n'a pas de *spin doctor*

---

1. Entretien avec l'auteur le 23 juin 2025.

attitré, même si Régis Lefebvre, un autre ami de longue date, lui distille ses conseils de communicant. Le Premier ministre est capable de rendre un arbitrage attendu depuis des semaines en répondant simplement au coup de fil d'un journaliste.

Quand il est arrivé à Matignon, ses proches lui ont bien proposé des profils pour diriger la communication, répandre la bonne parole. Bayrou n'a pas trouvé chaussure à son pied. L'agrégé de lettres classiques veut garder la maîtrise du verbe. Continuer à parler français aux gens, dans un écosystème politique qui a perdu l'attention du public à force de formules creuses et de termes abscons. Dans un des bureaux du premier étage de Matignon, son conseiller Éric Thiers, haut fonctionnaire pénétré de culture, aimait rappeler une phrase de Charles Péguy, dont il est un grand admirateur : « Les parlementaires font des lois en langage parlementaire ; le peuple les subit en langage français. »

François Bayrou a une autre force : il n'a que faire de ce qu'on dit ou pense de lui. Les critiques lui glissent dessus comme l'eau sur les plumes d'un canard, alors qu'il explore les abysses des baromètres de popularité. Lui qui a toujours mis l'affect de côté reste impassible par gros temps. C'est ce qui le rend insubmersible. Les députés Horizons ont pu le constater quand Bayrou s'est présenté devant eux début 2025. Le Premier ministre venait d'avoir une passe d'armes à distance avec leur patron, Édouard Philippe, qui a estimé que rien de décisif ne se passerait sous ce gouvernement. Une idée « antinationale », a violemment rétorqué Bayrou. L'accueil du groupe est donc frais. La députée Naïma Moutchou se fend d'une prise de parole pimentée. Mais Bayrou préfère en plaisanter : « Bon, c'est comme au rugby, hein, c'est rugueux ! »

« Il a un caractère assez horizontal[1] », résume Sophie Primas, porte-parole de son gouvernement, qui a dû apprivoiser ce Premier ministre qu'elle ne connaissait pas et estimait peu. Seules quelques flèches peuvent le blesser profondément. Comme lorsqu'il est accusé d'avoir été sourd aux signalements de violences à Bétharram, cet établissement béarnais où ses enfants étaient scolarisés. Ou quand il est soupçonné de détournement de fonds dans l'affaire des assistants parlementaires du MoDem, le parti ayant été condamné en première instance pour avoir rémunéré ses collaborateurs avec les salaires du Parlement européen. François Bayrou en garde une hargne contre la justice, lui qui est intimement persuadé que c'est cette épreuve judiciaire qui a fait flancher l'irremplaçable Marielle de Sarnez, la plus proche complice de ses coups politiques, disparue de manière foudroyante en 2021.

Bayrou a beau savoir manœuvrer par vents contraires, il sent le vent du boulet quand approchent l'automne 2025 et l'élaboration d'un budget qui a tout de l'équation impossible. Sa posture devient sacrificielle, sans que l'on sache si c'est du lard ou du cochon. Le sénateur centriste Hervé Marseille, qui connaît l'animal depuis longtemps, n'est pas de ceux qui le disent prêt à transiger sur tout pour rester sous les dorures de Matignon. Souvenirs des années 2000 à l'appui :

1. Conversation avec l'auteur le 5 juin 2025.

« Quand il dirigeait l'UDF et a refusé de se fondre dans l'UMP, il a montré qu'il était capable de se mettre au pain sec et à l'eau. Il a tenu son drapeau pendant tout le second mandat de Chirac, alors qu'on lui proposait tous les matins de devenir ministre et que tout le monde se barrait autour de lui. C'est pour cela que ceux qui pensent qu'il fera tout pour rester se gourent[1]. » Prémonitoire.

La chute de Matignon peut-elle être le premier pas d'une dernière ascension de l'Élysée ? Les sondages, si ce n'est l'âge, le mettent a priori hors jeu. Mais les proches de François Bayrou savent très bien qu'il songe à 2027. Patrick Mignola l'admet sans détour : « La question de la présidentielle l'habitera jusqu'à son dernier souffle. Mais il savait, en entrant à Matignon, que ce n'était pas le meilleur chemin. » À l'automne 2024, alors que Bayrou fignolait déjà son plan pour succéder à Michel Barnier, Marc Fesneau confiait la même crainte à ses interlocuteurs : « À vouloir se positionner pour être Premier ministre, François affaiblit sa capacité présidentielle. » L'intéressé le savait très bien, et le confirmait depuis son bureau de Matignon : « Si j'étais dans la perspective de la présidentielle, je n'aurais pas accepté cette mission. »

Parmi les oppositions, les railleries pleuvent d'avance à l'idée d'une quatrième campagne Bayrou. À l'époque où il s'apprête à résilier son contrat de non-censure, à la suite de l'échec du conclave sur les « retraites », le premier secrétaire du PS Olivier Faure grince en petit comité : « Il n'y a aucune

1. Entretien avec l'auteur le 22 mai 2025.

logique à dire qu'un mauvais Premier ministre peut faire un bon président, mais lui, il y croit[1]. »

À la sortie de Matignon, François Bayrou doit en tout cas trouver une nouvelle histoire à raconter, à supposer qu'on l'écoute encore. Il lui faut échapper à l'image de croque-mort accompagnant dans sa tombe politique un président qu'il a aidé de manière décisive. Ne pas être réduit au personnage actant la disparition du héros à la fin de la tragédie, comme Théramène raconte la mort d'Hippolyte dans *Phèdre*. Dans le cas contraire, Bayrou risque bien de rester l'un des derniers souvenirs douloureux du macronisme dans l'inconscient collectif.

1. Conversation avec l'auteur le 4 juin 2025.

12

Le diplomate et le banquier

« *Words, words, words.* »

Shakespeare, *Hamlet*

Le Falcon 7X rugit et s'arrache à la piste de Villacoublay. Le printemps est en avance, et l'on aperçoit par le hublot Paris baigné d'un généreux soleil matinal. Cap sur l'Angleterre. Emmanuel Macron se rend à Londres pour un énième sommet des Européens sur l'aide à l'Ukraine, en ce dimanche 2 mars 2025. La situation géopolitique est pleine d'incertitudes. Deux jours plus tôt, Donald Trump, revenu au pouvoir depuis un mois et demi, a humilié en mondovision l'Ukrainien Volodymyr Zelensky dans le bureau Ovale. La scène a stupéfié l'Europe, où l'on réalise enfin à quel point la relation transatlantique traditionnelle est caduque. Dans le monde de Trump, c'est chacun pour soi. Et si les Européens sont faibles, c'est tant pis pour eux.

J'ai embarqué afin d'interroger le président pour *Le Figaro*, en compagnie de mon confrère Mauro Zanon, correspondant à Paris du quotidien *Il Foglio*. C'est un Italien chaleureux et raffiné, l'un de ces nombreux étrangers qui aiment la France plus que les Français ne l'aiment. Assis dans le carré de l'appareil devant un café, en compagnie de son chef d'état-major particulier, Emmanuel Macron affiche la mine concentrée de celui qui s'apprête à commencer un exposé approfondi. Il connaît ses dossiers sur le bout des doigts : tous ceux qui ont travaillé avec lui peuvent en témoigner. Il a réponse à tout. Les explications sont toujours longues, les raisonnements parfois tortueux. Il y a l'actualité immédiate et les réponses techniques. Il y a aussi, en toile de fond, le grand dessein politique.

Depuis qu'il a prononcé en 2018 son premier discours de la Sorbonne, en intimant à l'Union européenne de se comporter désormais comme une grande fille, Emmanuel Macron estime que tous les chocs géopolitiques lui donnent raison. Le président se rêve en grand ordonnateur d'une Europe qui se penserait comme une puissance, et non seulement comme un marché.

Tandis que le Falcon survole la Manche, il tente de pousser son avantage : « Le moment qu'on vit, c'est celui de l'unité de l'Europe, parce que c'est le seul où on va convaincre tout le monde que c'est notre problème. Que la sécurité de la Pologne ou de la Lituanie, c'est un problème existentiel pour nous, Européens qui sommes les plus à l'ouest. » En langage bruxello-macronien, cela s'appelle « l'autonomie stratégique » ou « la souveraineté européenne ». Comme aime le dire son sherpa Emmanuel Bonne, qui dirige la cellule diplomatique de l'Élysée, « des mots encore très français il y a dix ans sont devenus une base d'action commune[1] ».

Macron se voit comme celui qui renoue des fils anciennement cassés : « Je crois que c'est un moment historique. Et au fond, cet engagement qu'on a raté avec la Communauté européenne de défense en 1954, on est en train de le reprendre. Vous savez, quelque part, la période qu'on vit ressemble à quelque chose des années 1954-1956, quand les Britanniques et les Français ont été bousculés par les Américains à Suez. Je pense que c'est ça. » Le parallèle interroge. Ce que décrit le président, ce sont les soubresauts qui ont fini par mettre à terre la IVe République, avant le redressement mené par le général de Gaulle sous le signe de la souveraineté nationale. Emmanuel Macron, lui, semble vouloir s'inscrire dans la filiation des Robert Schuman et Jean Monnet, qui n'ont pu parachever leur rêve de fédéralisme européen.

Voilà d'ailleurs un mot brûlant que le président se garde bien de prononcer. Même si sa volonté est bien de continuer à franchir des caps en ce sens. Il a poussé les achats communs de vaccins et les emprunts mutualisés pendant le Covid. Cela lui a permis, au passage, d'aller chercher à Bruxelles l'argent qu'il n'avait plus à Paris. Cela a surtout donné l'occasion à la Commission européenne d'Ursula von der Leyen de s'octroyer des pouvoirs allant bien au-delà de ce que prévoient les traités.

Depuis, Emmanuel Macron s'est attaqué à un autre sujet, encore plus inflammable : la

---

1. Entretien avec l'auteur le 30 janvier 2025.

dissuasion nucléaire. Substituer au parapluie américain un parapluie franco-européen : voilà une nouvelle ambition à sa mesure. Il fait mine de réfléchir à voix haute : « Est-ce qu'on doit produire plus de têtes nucléaires pour en positionner dans d'autres pays ? Proposer qu'il y ait un double commandement ? Il ne faut pas avoir peur de ce sujet, parce que c'est exactement ce que les Américains ont su faire avec leurs partenaires après la Seconde Guerre mondiale. »

L'affaire est explosive, parce qu'on touche ici au mythe gaullien du président auquel le suffrage universel confère le pouvoir d'appuyer sur le bouton. L'air de rien, Macron ouvre le chantier, tout en connaissant ses ambiguïtés et complexités. Comment les Français accepteraient-ils que leurs voisins décident pour leur bombe ? Comment les voisins accepteraient-ils que les Français décident pour eux ?

Au fond, Emmanuel Macron a une vision hégélienne de l'histoire. Ce sont les grands hommes qui mènent le monde vers le progrès et la liberté. Faut-il préciser qu'à ses yeux, il en fait partie ? Le problème, ce sont ces satanés agents du pessimisme, ces véhicules de « passions tristes ». Dans le vol retour de Londres, ce même dimanche, il se lâche contre les médias du groupe de Vincent Bolloré (CNews, Europe 1, *Le Journal du dimanche*), qu'il voit désormais comme une force politique hostile à part entière. « Parfois, on passe de l'ambition sans conséquences à la déploration de la défaite. C'est typique du débat public français. C'est vrai qu'il y a certaines chaînes d'information, je ne sais pas lesquelles hein... »

Rires entendus dans le Falcon : tout le monde a bien compris. Macron enfonce : « Ils sont pétaino-russes, ces gens-là. Ils trouvent que Poutine est sympa, que tout va mal, ils sont "travail, famille, patrie"... C'est un peu la même chose. C'est ce que j'appelle la "vassalisation heureuse". »

Pourtant, Emmanuel Macron ne se drape pas dans la pureté morale quand il s'agit de dialoguer avec l'adversaire. En témoignent ses appels interminables avec Poutine au début de la guerre en Ukraine. Il a compris trop tard que le maître du Kremlin se jouait de lui et l'instrumentalisait pour diviser les Occidentaux. Qu'importe, sa diplomatie est et restera celle du coup de fil. La France est une puissance de plus en plus moyenne. Elle doit au moins rester pendue au téléphone si elle veut continuer à exister. Macron se targue ainsi d'appeler régulièrement et directement Donald Trump, nonobstant les vacheries publiques du président américain à son endroit. Dans le cercle des dirigeants européens, il entretient une relation étroite avec le Hongrois Viktor Orbán, dans l'espoir de le dissuader de poser son veto aux décisions prises à Bruxelles.

Le chantier européen d'Emmanuel Macron est avancé, mais inachevé. Ses proches sont persuadés que l'histoire rendra hommage à ses intuitions. « Le discours de la Sorbonne restera[1] », abonde Édouard Philippe, rarement tendre avec

1. Entretien avec l'auteur le 3 juin 2025.

le président. Le reste de son bilan diplomatique est plus que mitigé. Les plus sévères parleront même d'un champ de ruines. La France est sur le point d'être définitivement chassée de l'Afrique, livrée aux appétits des Chinois ou des Russes. Macron a échoué dans son grand dessein de réconcilier la France et l'Algérie, lui qui est hanté par les réactions des banlieues et des diasporas, tandis qu'il a fallu laborieusement reconstruire le lien avec le Maroc. Le poids français au Moyen-Orient est devenu proche du néant, alors que le président n'a trouvé que la très symbolique reconnaissance d'un État de Palestine pour faire pression sur le Premier ministre israélien Benyamin Nétanyahou, qui ne manque pas en retour d'insister sur l'explosion de l'antisémitisme en France. La Chine prépare méthodiquement, outre l'invasion de Taïwan, celle de l'Europe avec ses voitures électriques et ses innovations technologiques dernier cri. Et c'est sans compter le dialogue impossible avec les arrogants géants américains et chinois du numérique, devenus les nouveaux maîtres de l'information et de la formation des consciences.

Au fond, si le diplomate Macron n'a pas une mauvaise image auprès des Français, c'est moins pour ses résultats que pour sa prestance. Son activisme et sa solennité, même surjoués, ne font pas honte. Par les temps qui courent, c'est toujours ça de pris. Et puis ses qualités en font un bon VRP, qui sait vendre les atouts de son pays à des étrangers souvent dubitatifs. Le président n'est jamais aussi à l'aise que dans ces sommets « Choose France », qu'il a inventés, où il flatte les plus grands patrons conviés dans le splendide écrin du château de Versailles. L'un de ses succès les plus éclatants est sans aucun doute la remontée de la France dans les classements d'attractivité et d'investissements étrangers. Preuve que Macron est meilleur banquier d'affaires que diplomate. On ne se refait pas.

À ces costumes, rêve-t-il d'ajouter un uniforme galonné ? On est tenté de le penser quand il ne peut s'empêcher d'évoquer très tôt l'envoi de troupes en Ukraine, suscitant la réprobation de nombre d'alliés européens. Ou quand il n'en finit plus de dramatiser la menace russe, comme dans une allocution télévisée prononcée en mars 2025, après que Trump a annoncé suspendre l'aide américaine à l'Ukraine.

Ce soir-là, Emmanuel Macron peaufine tellement son texte, en lien avec son conseiller discours Baptiste Rossi, qu'il descend de son bureau encore plus tard que d'habitude pour enregistrer sa prise de parole. Il fait en général plusieurs prises, mais à 19 h 30 passées, il n'y a plus le temps que pour une seule : les chaînes diffusent à 20 heures. Tout repose alors sur les épaules de Michel, le technicien chargé du prompteur à l'Élysée, qui doit faire défiler le texte au même rythme que le débit du président. Mais la prise unique suffira à marquer les esprits. « La patrie a besoin de vous », lance Macron d'un air pénétré.

Ces grands mots cachent un paradoxe. Ce président est celui qui a engagé le doublement du budget des armées, laissées à l'os par les décisions de plusieurs de ses prédécesseurs. Mais jamais il n'a commandé le déclenchement d'une opération militaire d'ampleur. « Le problème de Macron, c'est qu'il n'a pas fait la guerre », a déjà lâché François Hollande devant des visiteurs. Mitterrand a envoyé l'armée participer à la première guerre du Golfe. Chirac a expédié des troupes sur des théâtres aussi divers que l'ex-Yougoslavie, l'Afghanistan ou l'Afrique. Sarkozy a envoyé des Rafale en Libye pour faire chuter Kadhafi. Hollande est intervenu au Mali et au Levant pour contenir les menaces djihadistes.

Mais faut-il faire la guerre pour qu'on se souvienne d'un président ? Plus que les opérations militaires, c'est par son « non » à la guerre en Irak que s'est illustré Chirac. La véritable question est ailleurs : la France que laisse Emmanuel Macron est-elle encore en mesure de porter une voix aussi écoutée qu'il y a vingt ans ? Les élites du pays connaissent la réponse. Elles ne veulent simplement pas se l'avouer.

13

Rumeurs empoisonnées

> « Un mensonge peut faire le tour de la Terre le temps que la vérité mette ses chaussures. »
>
> Mark Twain

Panique à l'Élysée. En ce mois de décembre 2024, l'équipe d'Emmanuel Macron pensait souffler un peu avec la pause de Noël, au terme d'une année chaotique jusqu'au bout. C'était sans compter *Le Monde*, qui publie au compte-gouttes une série de longs articles intitulée « Le président et son double », décrivant un Macron dévoré par le narcissisme, manipulateur et paranoïaque. Des propos rapportés et attribués au président font grand bruit, notamment sur l'hôpital public qui serait « rempli de Mamadou ».

L'Élysée dément en bloc. « Du complotisme chic », s'emporte auprès des journalistes du *Monde* le patron de la communication élyséenne, Jonathan Guémas. Lui-même est personnellement mis en cause, puisqu'il serait membre d'un « boys club » influent à l'Élysée, au langage un peu trop fleuri pour notre époque moralisatrice. Pas besoin de lire entre les lignes pour comprendre ce qui pose problème au *Monde* : non seulement il y a beaucoup trop d'hommes dans l'entourage de ce président qui se dit progressiste, mais en plus, ceux-ci sont coupables de pencher à droite.

L'un des articles cite Louis Jublin, l'ancien conseiller en communication de Gabriel Attal, assurant que lorsque ce dernier était Premier ministre, on parlait de « cage aux folles » à l'Élysée pour désigner Matignon. Ces quelques lignes ne font qu'attiser la haine par entourages interposés entre Emmanuel Macron et Gabriel Attal. Les braises post-dissolution n'ont pas fini de tout consumer.

Déjà très tendus par ce cadeau de Noël empoisonné, les lieutenants du chef de l'État ne sont pas au bout de leur peine. Car un bruit se répand soudain dans Paris. Dans le quatrième et dernier épisode de sa série, le quotidien du soir compterait aborder la rumeur dont tout le monde parle depuis des mois. Le président aurait une liaison avec l'actrice iranienne Golshifteh Farahani. Apparu d'abord sur les réseaux sociaux dans le courant de l'année 2024, ce potin fait le bonheur de la presse people. D'autant que l'intéressée, dans les interviews de promotion de ses films, s'en amuse avec légèreté, au lieu de démentir sèchement. Résultat : quand on tape le nom de l'actrice dans Google, c'est l'occurrence « Macron » qui apparaît en premier dans les suggestions.

Jusqu'ici, jamais la presse réputée sérieuse n'a explicitement touché au sujet. Le projet d'article du *Monde* marque donc un tournant. Le journal aborderait la vie privée d'Emmanuel Macron et la façon dont ses ennemis propagent des ragots pour lui nuire. Branle-bas de combat. Jonathan Guémas et son compère Clément Léonarduzzi, qui l'épaule à distance, remuent ciel et terre, pendant que le bruit fait le tour des rédactions. L'homme d'affaires Xavier Niel, coactionnaire du *Monde*, est assailli d'appels, y compris en provenance de l'Élysée. La panique retombe d'un coup quand l'article est finalement publié. Il retrace simplement la façon dont Macron protège et verrouille son image, et ne dit pas un mot de la rumeur.

Un coup de chaud a déjà eu lieu en juillet 2024. Un autre bruit de couloir affole alors les communicants présidentiels, déjà pris dans le maelström post-dissolution. Prisma Media, groupe de magazines dépendant de Vivendi, le conglomérat de Vincent Bolloré, aurait réussi à paparazzer Emmanuel Macron en compagnie de « l'Iranienne », comme l'appellent les initiés. Les supposés clichés feraient la couverture du prochain numéro de *Voici*. Coups de fil en tous sens, jusqu'à Mimi Marchand, la papesse de la presse people plusieurs fois condamnée par la justice, qui a assuré de jolies couvertures au couple Macron pendant la campagne de 2017. Fausse alerte : la couverture de *Voici* est consacrée à Gad Elmaleh et sa nouvelle compagne...

La gestion de la vie privée, des rumeurs, des paparazzades a toujours été le lot des présidents.

Mais, époque oblige, Emmanuel Macron est le premier à devoir véritablement affronter le torrent de boue numérique à échelle industrielle et les opérations de déstabilisation montées depuis l'étranger. Son épouse en est la première victime, elle dont on prétend de manière ignominieuse qu'elle serait en réalité un homme, son frère Jean-Michel Trogneux. De Marie-Antoinette à Claude Pompidou, les ragots malveillants sur le monarque et – surtout – son épouse ont toujours nourri les dîners en ville et les blagues populaires. Mais la force incontrôlable des réseaux sociaux leur assure aujourd'hui une diffusion rapide et extensive.

Ce sujet est pris très au sérieux à l'Élysée. C'est un discret conseiller, présent dans l'aile Madame du palais depuis 2017, qui le traite au quotidien. Tristan Bromet sert de directeur de cabinet à Brigitte Macron. Il gère l'agenda, les causes caritatives, les demandes presse. C'est aussi lui qui remonte directement au président les contenus les plus problématiques qui circulent sur les réseaux et fait le lien avec les avocats. Car les Macron n'hésitent pas à déposer des plaintes en rafales. Deux femmes qui avaient diffusé la rumeur « Jean-Michel » dans une vidéo qui a cumulé des centaines de milliers de vues sur YouTube ont été condamnées pour diffamation en première instance en 2024, mais relaxées en appel l'année suivante. La justice ne peut de toute façon rien pour empêcher ceux qui le veulent de croire des calomnies.

Comme de nombreux dirigeants, Emmanuel Macron peine à appréhender ce nouveau monde où la vérité est devenue relative, sous l'effet des lois du numérique. À force de vivre sous cet orage permanent, il finit par voir des manipulations et des ingérences étrangères un peu partout. C'est une obsession du président depuis 2017 et les campagnes de désinformation attribuées à la Russie, sans compter le piratage des mails de son équipe de campagne, les fameuses « MacronLeaks ». La lecture des notes des services de renseignement ne fait qu'accentuer sa conviction d'être la cible constante d'une désinformation massive.

Tout cela existe. Mais la méfiance peut virer à la psychose. Quand une caméra filme Brigitte Macron donnant une gifle à son mari, alors qu'ils s'apprêtent à sortir de l'avion pour entamer une visite au Vietnam, au printemps 2025, le service communication de l'Élysée commence par prétendre qu'il s'agit de fausses images, peut-être générées par l'intelligence artificielle. La scène de ménage est en fait bien réelle, captée par la très sérieuse agence Associated Press. Et ce ne sera ni la première ni la dernière que Brigitte Macron fait à son mari, elle qui est capable de le planter devant tout le monde en plein bain de foule parce qu'elle s'exaspère du retard colossal pris sur le programme. Ce jour-là, la communication élyséenne a fini par rétropédaler piteusement devant l'évidence et invoquer une « chamaillerie ». Le palais est devenu une forteresse. Le crépuscule renforce la paranoïa.

14

Le palais du crépuscule

> « Les conneries c'est comme les impôts, on finit toujours par les payer. »
>
> Michel Audiard

« Le président souhaiterait vous recevoir pour un petit apéritif. » De temps en temps, Valérie Brilland Lelonge, la secrétaire particulière d'Emmanuel Macron, passe des coups de fil à un certain nombre d'initiés. Le vivier est large, le casting tourne souvent. Elle qui détient la clé de ce coffre-fort qu'est l'agenda présidentiel ménage, à la demande du patron, des moments de liberté et de détente. Et plus la fin de règne approche, plus le monarque semble vouloir se rassurer en maintenant une cour à ses côtés.

Pierre Charon et Hervé Marseille reçoivent parfois ces invitations impromptues. Ces vieux briscards du milieu politique sont des livres ouverts sur la grande et les petites histoires de la Ve République. Ils ont toujours régalé les journalistes de leurs analyses piquantes et leurs indiscrétions savoureuses, eux qui pourraient se damner pour un bon mot. Longtemps élu LR de Paris, Charon a fréquenté pendant plus de dix ans les couloirs feutrés du Sénat où les complots se font et se défont. La chambre haute, Marseille y siège toujours, lui qui préside le stratégique groupe centriste.

Les deux septuagénaires, fanas des *Tontons flingueurs*, se surnomment parfois les frères Volfoni. Le genre de blague qui fait beaucoup rire le président. En 2017, Emmanuel Macron a réussi son hold-up sur l'Élysée avec un commando de jeunes taiseux. Mais il n'aime rien tant que la fréquentation beaucoup plus amusante de ses aînés de plusieurs décennies, lui qui baigne mentalement dans l'univers culturel de la France des années 1960, avec ses figures viriles et ses chansons insouciantes. Quand l'apéritif s'achève, il arrive qu'il retienne ses invités. « Tu n'as pas de dîner ? Bah reste ! »

Emmanuel Macron délaisse alors les grands enjeux de ce monde et se passionne pour les petites histoires parisiennes. Il s'enquiert des derniers ragots, en colporte d'autres, demande pourquoi untel ou untel dit autant de mal de lui. Ce genre de moment sert au reclus de l'Élysée à entendre ce qu'il ne lit pas dans les notes arides pondues par son cabinet.

Emmanuel Macron a maintenu la tradition des visiteurs du soir. Il a aussi inauguré, à des heures encore plus tardives, celle des textoteurs de la nuit. Il fait défiler les nombreuses notifications reçues sur Telegram ou d'autres messageries. Il répond d'une phrase à ce pavé qu'on lui envoie, laisse cet autre en attente, rappelle un correspondant.

Le président est viscéralement attaché à ces bouffées d'oxygène. Plus l'étau du crépuscule l'étouffe, plus il cherche à respirer. Mais ce n'est pas nouveau. Après tout, c'est aussi pour cela qu'il a congédié des Premiers ministres comme Édouard Philippe ou Élisabeth Borne : pas assez de liant, trop peu divertissants. Tout le contraire d'un Jean Castex, qui a le goût de la bonne chère, sans compter la qualité de ne pas se prendre pour quelqu'un d'autre qu'un collaborateur.

Emmanuel Macron est bon en *small talk*, mais il supporte de moins en moins l'ennui et les obligations. Quand il compose les délégations de ses voyages officiels, il lui arrive d'encourager tel patron ou tel élu à l'accompagner pour s'assurer une cour divertissante : « Viens, on va se marrer ! » Un jour, en préparant un déplacement, il consulte la liste de ceux qui doivent l'accompagner : « Alors, vous m'avez mis qui comme ministre ? Franck Riester ? Oh non... Mettez-en moi un autre ! » Mais c'était le bon temps d'avant la dissolution de 2024, quand le président choisissait encore qui entrerait au gouvernement ou qui il croiserait dans ses virées sur le terrain.

À l'Élysée, Emmanuel Macron se fait distant à mesure que vient le crépuscule. « Il est beaucoup plus secret », a constaté après la dissolution son stratège Jonathan Guémas. Le cabinet est délaissé. De toute façon, il se vide. Épuisés par les horaires ou désabusés de n'être plus au centre du jeu politique, les conseillers partent. Le coup de grâce est donné en mars 2025, quand *Le Figaro* annonce qu'Alexis Kohler quitte son grand bureau d'angle, à deux portes de celui du président, pour rejoindre la Société générale. Avec le départ du deuxième cerveau du président, l'architecte des réformes depuis 2017, c'est déjà la fin d'une époque. Depuis son antre niché dans l'ancienne chapelle de l'aile Madame, avec vue stratégique sur la cour d'honneur, Bruno Roger-Petit raye un par un les noms des partants. L'ancien journaliste compte bien faire partie du tout petit club de ceux qui auront tenu une décennie aux côtés du président.

Macron déteste qu'on le quitte. Quand les temps sont durs, il n'hésite pas à sermonner ses anciens conseillers : « Pourquoi tu es parti ? » Il traque ceux qu'il soupçonne de trahison, et pas seulement le conspué Gabriel Attal. « Tu as oublié qui t'a nommée ? » fait-il sèchement observer, l'été 2023, à la secrétaire d'État Prisca Thevenot, qui a eu le malheur de se prononcer contre le service national universel obligatoire – un dada inaccompli du président – et s'empressera de rétropédaler.

Certaines relations à peu près cordiales virent carrément au vinaigre. Comme avec Nicolas Sarkozy, qui bout contre le président depuis que la grande chancellerie de la Légion d'honneur l'a exclu de l'ordre au printemps 2025, à la suite de sa condamnation dans l'affaire des écoutes Bismuth. Emmanuel Macron s'y est opposé publiquement, mais c'est pourtant lui qui a signé au début de l'année un décret rendant automatique l'exclusion de l'ordre en cas de condamnation à au moins un an de prison, ce qui lui permettra de se laver les mains du sort de Sarkozy. « Quelle perversité », siffle-t-on dans les bureaux de l'ancien président, rue de Miromesnil. Sarkozy est d'autant plus remonté que Macron ne l'a pas appelé lui-même pour le prévenir, laissant le sale boulot à son directeur de cabinet Patrice Faure, un préfet devenu essentiel dans le dispositif élyséen.

Devant ses visiteurs, Nicolas Sarkozy enrage contre ce déshonneur, en rappelant entre autres son rôle dans l'issue heureuse de l'affaire « Human Bomb » lorsqu'il était maire de Neuilly-sur-Seine : « Pardon, hein ! Si c'est courant de sauver vingt et un enfants d'un preneur d'otages, si c'est courant d'être président de la République, très bien, hein ! » Depuis, la rupture est plus que consommée. Aux proches d'Emmanuel Macron qu'il croise, Nicolas Sarkozy n'hésite plus à lancer : « Mais pourquoi vous ne lâchez pas Macron ? Pourquoi vous le suivez encore ? » Parfois, les attaques se font plus personnelles : « Il n'a même pas d'enfants... Comment peut-il comprendre la situation des gens ? »

Est-ce pour compenser les départs et les déceptions qu'Emmanuel Macron tisse avec certains des liens inimaginables auparavant ? Depuis qu'il a causé très sérieusement de Matignon avec Xavier Bertrand à l'été 2024, il tient en estime le président de la région des Hauts-de-France. Quand les deux hommes se croisent au sommet de Paris sur l'intelligence artificielle, au début de l'année suivante, ils disent chacun du bien de l'autre. Macron, qui n'a quasiment pas de complicités féminines, se rapproche aussi de Yaël Braun-Pivet, qui a ravi le perchoir de l'Assemblée contre son avis en 2022. Les inimitiés communes sont un bon terrain d'entente. En l'occurrence, Braun-Pivet a de mauvaises relations avec Gabriel Attal et François Bayrou, ce que le président voit comme une qualité.

Il lui arrive aussi d'apprécier Olivier Faure, le peu flamboyant premier secrétaire du PS. Les deux hommes ont beaucoup échangé à l'été 2024, quand il s'agissait de trouver un Premier ministre post-dissolution, ou encore début 2025, quand les députés socialistes ont épargné François Bayrou pour permettre l'adoption du budget, quitte à essuyer les violents quolibets des mélenchonistes. « Avec lui, on peut discuter », se satisfait devant ses proches Macron, qui apprécie sa capacité à tenir des engagements.

Emmanuel Macron a toujours été décrié, à raison, pour sa gestion des ressources humaines. Mais pour ce qui est des plans de reclassement, c'est un champion toutes catégories. Il est rare qu'il lâche un soldat ou celui d'un de ses amis, quitte à frôler l'indécence quand il s'agit de lui trouver un point de chute. Les présidents ont toujours recasé leurs affidés, mais l'accélération macronienne donne le tournis.

Est-ce pour s'excuser auprès des victimes de sa dissolution ou de sa non-campagne de 2022 ? Christophe Castaner, Emmanuelle Wargon, Brigitte Bourguignon, Clément Beaune, Sarah El Haïry, Guillaume Vuilletet, Amélie de Montchalin, Laurent Saint-Martin,

Anne-Laure Cattelot... Voici une liste non exhaustive d'anciens députés ou ministres qui ont retrouvé une fonction par la grâce présidentielle. Au conseil des ministres du 4 juin 2025, un ange passe quand est annoncé un énième recasage : celui de l'ex-ministre Nadia Hai, qui a elle aussi perdu son siège à l'Assemblée après la dissolution, et à qui l'on a dégoté un joli poste de « déléguée interministérielle à la Méditerranée », avec rang d'ambassadrice. Autour de la table, les ministres ne disent rien, mais le silence parle pour eux : ça commence à faire beaucoup.

Et c'est sans compter les recasages qui n'ont pas abouti. Comme celui d'Olivier Dussopt, l'ancien ministre du Travail qui a porté la réforme des retraites, fléché vers le confortable poste d'ambassadeur auprès de l'OCDE, une nomination qui n'a finalement pas eu lieu. Dussopt aura toutes les peines du monde à retrouver une activité, à l'image de nombre d'anciens ministres et parlementaires qui réalisent à quel point leur engagement public est radioactif aux yeux du secteur privé.

Les critiques contre le fait du prince pleuvent, mais Macron s'en moque. Il n'a pas hésité à propulser à la tête du Conseil constitutionnel le premier fidèle d'entre les fidèles, Richard Ferrand, lui aussi désavoué par le suffrage universel dans sa circonscription du Finistère, en 2022. L'opération a failli échouer. Le Parlement n'a approuvé sa nomination qu'à une voix près. Ce qui déclenchera la fureur de Macron contre les figures de la droite au Sénat, Gérard Larcher et Bruno Retailleau, accusés de sabotage. Devant ses visiteurs, Larcher haussera les épaules : « Je ne fais aucun procès à Ferrand. Mais ce serait bien que le président dialogue au préalable, avant de faire une proposition de nomination. »

Dans les gouvernements fantomatiques de la fin de règne, Emmanuel Macron se ménage aussi un petit club de ministres, ces quelques mousquetaires chargés de porter la voix de l'Élysée : Rachida Dati, Catherine Vautrin et surtout Sébastien Lecornu, qu'il finira par nommer à Matignon. Quand la fin de la bataille approche, l'empereur dispose le dernier carré. L'ex-ministre marseillaise Sabrina Agresti-Roubache, proche du couple présidentiel, l'a déjà prédit en privé : « Emmanuel voudra terminer avec les copains. »

15

Le requin contre les dauphins

> « Les paroles s'envolent, les aigris restent. »
>
> Francis Blanche

Il déteste les voir s'agiter dans son dos. Préparer la suite comme s'il n'était plus là. Tirer au sort ses vêtements comme si sa crucifixion était acquise. Emmanuel Macron ne les supporte pas, ces prétendants à sa succession qui enterrent déjà l'épopée commencée en 2017. C'est humain : personne ne saurait évoquer sans déplaisir le moment où il sera mort. Dans son cas, il s'agit de sa mort politique, même s'il compte bien ressusciter par la suite.

Si les autres l'enterrent si tôt, c'est parce qu'il est condamné. La Constitution lui interdit un troisième mandat consécutif. Il a toujours enragé contre cette règle introduite en 2008 sous le mandat de Nicolas Sarkozy. Il est le premier président à y être directement confronté. Si la limite n'existait pas, il aurait pu briguer un troisième quinquennat, se prendre à rêver de battre le record de longévité d'un président sous la Ve République, détenu par François Mitterrand, qui a régné quatorze ans.

Plus le sablier du crépuscule s'écoule, plus la liste des candidats putatifs pour prendre la relève s'allonge, jusqu'à virer au ridicule. Devant ses conseillers, Macron a déjà laissé tomber : « S'ils continuent comme ça, ils vont s'autobalayer. » Et puis, qui mieux que lui peut témoigner que rien n'est joué avant la dernière ligne droite d'une présidentielle ? Au printemps 2025, l'un de ses correspondants réguliers sur Telegram lui a envoyé une savoureuse archive, un vieux sondage réalisé bien en amont de l'élection de 2017. Ordre d'arrivée au premier tour : Le Pen, Juppé, Valls.

« Le président n'a pas de successeur », aime asséner son conseiller Bruno Roger-Petit, soucieux que personne ne soit hissé à la hauteur du grand homme dont il se fait fort de tisser la légende. Gérald Darmanin, qui a travaillé avec Nicolas Sarkozy quand ce dernier a tenté de revenir, avant de rallier Emmanuel Macron, commence à en connaître un rayon en psychologies présidentielles. Il comprend parfaitement l'état d'esprit macronien : « Ce qu'aimerait le président, ce sont des gens qui restent avec lui jusqu'au bout et qui le respectent. Moi, je le respecte et je lui serai très loyal[1]. »

Si seulement, comme Kronos, il pouvait dévorer ses enfants. Ou au moins choisir lequel aura le droit de vivre. C'est bien sûr à dessein qu'il chante

1. Entretien avec l'auteur le 18 juin 2025.

les louanges de Jean Castex, rapidement après la fin du bail à Matignon de celui dont le président appréciait tant la docilité, la bonhomie et l'absence totale d'ambiguïté sur ses ambitions. Enfin un Premier ministre qui ne prétendait pas devenir une personnalité politique ! Agiter son nom devant ceux qui lui parlent de 2027 permet de s'amuser à envoyer un chien dans le jeu de quilles.

Par capillarité, Jean Castex est le seul à trouver grâce dans la bouche des historiques de la macronie qui, à l'unisson de leur héros, vouent aux gémonies à peu près tous les prétendants, ces ingrats et ces Judas. « C'est Pompidou avec l'accent du sud-ouest ! » s'enflamme le sénateur François Patriat. En décembre 2022, quand Macron remet à Castex les insignes de commandeur de la Légion d'honneur, dans la salle des fêtes de l'Élysée, il le couvre d'éloges comme rarement. Dans l'assistance, les historiques Richard Ferrand et Julien Denormandie échangent un regard : « C'est l'adoubement ! »

Les Gabriel Attal, Édouard Philippe et autres Gérald Darmanin, eux, travaillent laborieusement à se dissocier de la figure de Macron, avec plus ou moins de finesse. Le toujours ambitieux Xavier Bertrand, qui a repoussé dès 2017 les tentatives de débauchage, observe leur petit jeu d'un œil gourmand : « Ils espèrent tous que personne n'aura de mémoire, mais ils vont avoir du mal à faire croire qu'ils ont été retenus de force[1] ! »

« Ce ne sont pas des successeurs », flingue de son côté François Bayrou, qui ne délivrera à

1. Entretien avec l'auteur le 15 juillet 2025.

personne un brevet de macronisme. Et pourtant, il croit en sa pérennité. Écoutons sa démonstration : « Les gens qui décrètent “la fin du macronisme” ne comprennent rien aux grandes aspirations de notre peuple. Le macronisme n’est pas résumable à Macron. Moi, je n’étais pas un macroniste, mais j’appartiens à un courant politique dont il est depuis 2017 la figure de proue. » Dans l’esprit du chrétien Bayrou, Macron est l’Élu venu accomplir le grand dessein de Dieu le père – c’est-à-dire lui : l’installation définitive du centre comme force structurante de la vie politique française. « Ce courant, celui du centre français, républicain, démocrate et social, existait avant Macron et continuera d’exister après ses deux quinquennats. L’idée que ces années seraient une parenthèse et qu’on va en revenir tout bonnement à la logique droite contre gauche est une idée pour discussions de comptoir. Quand vous avez l’extrême droite d’un côté et l’extrême gauche de l’autre, le centre est une nécessité vitale. » Mais alors, personne pour reprendre le flambeau ? Bayrou livre la réponse attendue : « En tout cas, moi je suis là, et mes amis sont là[1]... »

À force d’éloignement de tous ceux qui trouvent le président bien trop radioactif pour la suite de leur carrière, le macronisme, justement, deviendrait presque un créneau politique disponible. Se réclamer du président, voilà la grosse cote, qui pourrait attirer les outsiders en mal d’identification.

1. Entretien avec l’auteur le 23 juillet 2025.

Aurore Bergé, par exemple, se dit prête à reprendre le flambeau, elle qui a eu des relations si compliquées avec Emmanuel Macron sous le premier quinquennat. « Notre parti fait tout pour ne pas affirmer le macronisme, déplore-t-elle en visant Gabriel Attal. On ne va pas être nombreux à assumer de porter le bilan. Mais l'inscription de l'IVG dans la Constitution, ça va rester. La reconstruction de Notre-Dame dans le délai imparti, c'est la démonstration du génie français. On reconnaît au président son énergie pour que la France figure à nouveau sur la carte du monde, on n'a pas honte quand il va à l'étranger. Et puis il y a son action sur les fondamentaux économiques, la baisse du chômage. Nous sommes quelques-uns à assumer de dire que le macronisme va continuer. Ce qui n'empêche pas de changer de méthode ou d'alliés, de faire une primaire pour désigner le candidat, de former des coalitions[1]. »

Les compliments sont là, mais l'intention reste la même : préparer la suite. Rationnellement, Emmanuel Macron ne peut pas en vouloir à ceux qui veulent prendre sa place, d'autant qu'il est forcé de libérer le trône. Ces ambitions, ces combinaisons, ces gens qui tournent la page, c'est humain. Mais quand il y songe, c'est plus fort que lui. Il est comme le misanthrope Alceste répliquant au constat de Philinte :

« Vous voulez un grand mal à la nature humaine.

— Oui, j'ai conçu pour elle une effroyable haine. »

1. Entretien avec l'auteur le 28 mai 2025.

16

Attal et la tentation de Brutus

« Pour savoir se venger, il faut savoir souffrir. »

Voltaire

Parfois, Emmanuel Macron a très envie de dire une méchanceté, sans pouvoir le faire en public. Alors il la répète à ses proches, la martèle à ses conseillers, avec consigne implicite de la répercuter. Voici l'une de ces flèches arrivées très opportunément aux oreilles des journalistes : « Mon seul regret, ce n'est pas la dissolution. C'est d'avoir nommé Gabriel Attal Premier ministre. »

Entre ces deux-là, la haine est cuite et recuite, depuis ces cinq mois où ils ont cohabité – l'expression est à peine exagérée – à la tête de l'État. Emmanuel Macron s'est trompé sur Gabriel Attal, parce qu'il ne le connaissait pas. Cela peut paraître incongru. Aux yeux d'une bonne partie de l'opinion, Attal est un bébé Macron, un clone créé sur mesure, quasiment l'héritier du président. C'est ignorer que les deux hommes n'ont jamais été spécialement proches.

Attal n'était pas du tout dans les premiers rangs de l'aventure de 2017, alors qu'il grenouillait depuis plusieurs années au Parti socialiste. Il a même été sceptique aux débuts de l'équipée Macron, quand il était conseiller au cabinet de Marisol Touraine sous le quinquennat Hollande. Il y est venu sur le tard par le biais de Stéphane Séjourné, grand artisan de la campagne, qui était alors son compagnon.

Macron a vu des qualités chez Attal dès le début de son premier quinquennat. Le jeune député se distinguait en portant efficacement la bonne parole dans les médias, y compris quand tout le monde se planquait, comme lors de la flambée de colère des gilets jaunes. Le président l'a promu à toute vitesse, jusqu'à lui confier le ministère de l'Éducation nationale. Mais c'était une relation d'intérêts, dans laquelle chacun voyait un gain à tirer. Il n'en naîtra aucune espèce d'amitié.

Tout a vrillé quand Macron lui a offert Matignon. Les braises des malentendus accumulés ont couvé jusqu'au gigantesque incendie de la dissolution de 2024, dont Attal a été le premier grand brûlé. Dès le lendemain, il résume son état d'esprit par une formule qu'il répétera longtemps : « J'ai pris un autobus dans la tronche. » La dissolution, il l'a vécue comme l'assassinat du duc de Guise. Un geste fourbe et prémédité. L'élimination d'une figure montante et populaire par un roi affaibli qui craint plus que tout que l'on usurpe son trône.

Mais lui n'est pas mort, seulement blessé. Au lendemain du coup de tonnerre, il remonte vite sur son cheval, fort de sa popularité parmi des troupes macronistes qui cherchent désespérément une autre tête de gondole que ce président qui les a précipitées dans le vide. Pendant l'opération sauve-qui-peut des législatives anticipées, c'est le visage de Gabriel Attal qu'ils impriment sur leurs tracts. Cela permet à l'intéressé de se présenter comme le sauveur des rescapés, grâce à la magie du « front républicain ».

C'est un fait. Quand il est poussé en dehors de Matignon, Attal bénéficie d'une cote insolente chez les élus et militants Renaissance. Il tient la base. Et il en tire une légitimité pour se construire un nouveau chemin face à Macron, certes toujours président mais discrédité par son incompréhensible décision. À ce moment-là, ils ne se parlent déjà plus. Si c'était le cas, ils pourraient répéter l'échange légendaire entre Hugues Capet et Adalbert de la Marche :

« Qui t'a fait comte ?

— Qui t'a fait roi ? »

La députée macroniste Maud Bregeon tient une référence plus pop culture : « Gabriel, pour nos militants, c'est Neo dans *Matrix*[1] ! » Et le sauveur en profite. Le président l'a dépouillé de ses attributs ? C'est à son tour de jouer les cambrioleurs. Il s'empare sans difficulté de la présidence du groupe macroniste à l'Assemblée, avant de lancer un hold-up sur le parti présidentiel. Lui et ses conseillers, qui ont toujours été fascinés par la méthode Sarkozy, celle des coups de com et de la personnalisation à outrance, appliquent à la lettre l'adage

1. Conversation avec l'auteur le 3 octobre 2024.

de l'ancien président : on prend tout ce qui se présente, puis on voit.

Et pourtant, tous ces titres ne suffisent pas à combler son spleen. À lui faire penser à autre chose que le temps grisant de Matignon, lui qui se retrouve dans un vulgaire bureau de l'Assemblée, certes de grande taille et avec fenêtres sur cour. « Ce n'est pas une vexation d'être ici », jure-t-il à ses visiteurs, qui ressortent avec la conviction inverse. Le job ingrat de président de groupe ne le passionne pas du tout. Nombre de « ses » députés n'ont pas de réponse à leurs messages, eux qui le voient pourtant scroller longuement sur son portable quand il est en séance, l'air blasé.

Gabriel Attal ressasse. Il repasse dans sa tête ce 9 juin 2024 où son sort a basculé du fait d'un seul homme. Insensible aux citations de François Mitterrand que lui envoie encore, des mois après, Bruno Roger-Petit, ce conseiller présidentiel qui était il n'y a pas si longtemps un précieux allié : « Le mal que l'on imagine est insupportable, celui que l'on subit est presque toujours supportable. »

La cassure est irrémédiable. La relation Macron-Attal, c'est Édouard Philippe qui, en privé, la résume le mieux : « Ils ne peuvent pas se blairer. » Il sait de quoi il parle. Lui aussi a été poursuivi par les foudres présidentielles après avoir été congédié de Matignon. Avec Attal, il a déjà plaisanté sur la « hiérarchie des haines » qui agiterait l'Élysée. Encore un peu et l'on imaginerait facilement le président brûler des poupées vaudoues à l'effigie de ses anciens Premiers ministres.

Mais le cas Macron-Attal est spécifique. La violence atteint des sommets. Le règlement de comptes est sans fin, dans une succession de mesquineries réciproques, alimentées avec voracité par des entourages remontés comme des coucous. Ainsi, le président ne décorera jamais Gabriel Attal de l'ordre national du Mérite, attribué d'office aux Premiers ministres ayant passé au moins six mois à Matignon – durée atteinte in extremis par l'intéressé avant d'être considéré comme démissionnaire. Macron ne cible pas seulement Attal : tous ceux qui ont le malheur de côtoyer ce dernier de trop près s'exposent à des balles perdues. Comme lorsque François Bayrou succède à Michel Barnier, fin 2024, et que les ministres sortants proches de l'ancien premier ministre sont débarqués. Les intéressés, Antoine Armand et Guillaume Kasbarian, sont sûrs et certains d'avoir fait partie de la dernière charrette, celle des têtes coupées au moment où l'ultime liste a été revue à l'Élysée.

La haine suinte jusqu'entre les lignes des très officiels communiqués présidentiels, sur des sujets qui ont a priori peu à voir avec la politique politicienne. Quand Gabriel Attal fait adopter par l'Assemblée nationale, en juin 2025, une proposition de loi élevant Alfred Dreyfus au grade de général de brigade, Emmanuel Macron rétorque quelques semaines plus tard, dans la déclaration écrite par laquelle il annonce l'instauration d'une journée nationale à la mémoire de l'officier juif injustement accusé : « Tous et toutes doivent aussi conserver présent à l'esprit que la promotion dans les grades militaires procède de circonstances avérées du temps présent. » Le président, tance-t-il, « est le garant de l'application de cette règle dont nul ne peut contester le bien-fondé ». Tout est prétexte à une tape sur les doigts.

Gabriel Attal, lui, a entrepris une opération de grand effacement. Entre ses mains, le parti présidentiel ne parle plus du président. Un soir de la mi-mai 2025, le pôle communication de l'Élysée est fumasse. Alors qu'Emmanuel Macron s'est offert une longue émission en *prime time* sur TF1, les comptes sur les réseaux sociaux de Renaissance n'en postent pas un mot, pas un extrait. Mais ce soir-là, Attal enrage lui aussi devant son écran. Quand le président parle de sécurité, il salue plusieurs fois Gérald Darmanin, alors garde des Sceaux, mais ne cite jamais son ancien Premier ministre, alors que ce dernier vient de faire adopter à l'Assemblée une loi censée durcir le fonctionnement de la justice des mineurs. Quand ce texte sera en grande partie censuré par le Conseil constitutionnel, Attal ne pourra s'empêcher d'y voir malice. L'institution est désormais présidée par Richard Ferrand, qui ne le porte pas dans son cœur, et deux anciens ministres de Macron en sont membres.

Gabriel Attal rumine sa vengeance, tel un Monte-Cristo des beaux quartiers. Il n'a pas trouvé le temps long dans le cachot du château d'If, mais le temps trop court sous les dorures de Matignon. D'ailleurs, lui aussi a dégoté un trésor : les confortables réserves financières du parti présidentiel, qui dispose d'un vaste QG dans les beaux quartiers de Paris. Tout ce qu'il accumule doit lui permettre de se présenter en 2027. Il a un temps resongé à la mairie de Paris, mais sait ce qu'il en coûte de braquer Rachida Dati, déterminée à être candidate.

Il veut donc succéder au président. Et forcément, il commence par dresser l'inventaire. « Je ne trahirai ni ne renierai jamais ce qu'on a fait, assure-t-il au préalable. J'ai été député, ministre, Premier ministre parce qu'Emmanuel Macron me l'a permis[1]. » Attention, la fin des politesses approche déjà. « J'assume ce qui a été fait en bien ou pas bien. On n'a pas à rougir de notre bilan sur l'économie et le chômage, sur l'environnement ou sur l'Europe par exemple. Mais ce n'est pas un hasard si, en bâtissant le projet de Renaissance, j'ai commencé par la partie régalienne. La sécurité, la justice, l'immigration, c'est pour les Français l'échec des deux quinquennats. »

C'est vrai, mais comment l'explique-t-il ? « Aucune des dernières présidentielles n'a été centrée sur ces sujets. Donc ça n'a pas été une priorité initialement. La conception partagée en arrivant au pouvoir en 2017, c'est que quand l'économie va, tout va. Mais l'exercice des responsabilités vous fait prendre conscience d'un certain nombre de réalités. Je l'ai vécu aussi. »

C'est l'occasion de glisser un petit calcul : « Il faut constater que l'âge et l'expérience peuvent être deux choses différentes. En 2027, j'aurai par

1. Entretien avec l'auteur le 2 juillet 2025.

exemple à peu près le même âge qu'Emmanuel Macron lorsqu'il a été élu, mais en ayant été député, six ans ministre, et Premier ministre. » Le tacle s'adresse aussi à Jordan Bardella, cet autre jeune premier qu'il considère comme son meilleur adversaire.

Le problème de Gabriel Attal, c'est son positionnement politique. Lui qui est passé en six ans du Parti socialiste tendance Terra Nova à l'interdiction de l'abaya peut idéologiquement donner le tournis. Au moment d'écrire son programme, il tâtonne, lui qui un jour veut interdire le voile aux filles de moins de 15 ans et un autre envisage de légaliser la gestation pour autrui. Est-il de gauche ou de droite ? Libertaire ou identitaire ? On s'y perd.

Il tente une liste de mots : « Je suis proeuropéen, libéral sur l'économie, ferme sur le régalien, progressiste sur la société et le climat. Mais j'assume de ne pas entrer dans des cases qui existaient déjà avant que je naisse. Je n'ai pas à me définir par rapport à des référentiels, alors que tous les repères politiques sont chamboulés, partout. » Centriste ? Surtout pas. « Dans "centriste", il y a "triste" ! » Adepte du fameux dépassement, tout de même ? « Oui, mais pas dans l'idée que ce serait une synthèse avec un peu de gauche et un peu de droite. »

Débrouillez-vous donc avec ça. D'autant que son appel à faire barrage au RN l'été 2024, quitte à favoriser l'élection de députés LFI, reste a minima source d'incompréhension chez les sympathisants de droite. Or, comme le remarque en privé Gérald Darmanin non sans arrière-pensée,

« Attal, on l'aime bien quand il est de droite, quand il interdit l'abaya ». Ce n'est pas que l'intéressé ait le moindre complexe à prendre des positions raccord avec l'opinion dominante, mais si l'on parle en termes de business, il trouve le marché saturé. Écoutons-le railler l'accumulation de candidatures sur sa droite : « À force, ils vont finir à dix sur le même tabouret ! Et puis vous avez remarqué ? Retailleau et Wauquiez disent que le seul sujet qui les sépare du RN, c'est l'économie. Mais si c'est Bardella le candidat, avec son programme libéral, ils auront eux-mêmes constaté qu'il n'y a pas de différence entre lui et eux. »

En plus d'avoir des idées, Gabriel Attal doit se faire des amis. Il manque cruellement d'alliés crédibles, de porte-flingues efficaces, de soldats prêts à mourir pour lui. Il est plus apprécié par l'opinion qui l'observe de loin que par ses collègues qui le côtoient de près. Il a laissé derrière lui nombre d'inimitiés, pour ne pas dire des détestations. Demandez donc à Jean-Michel Blanquer, qui l'a toujours soupçonné d'avoir balancé à la presse sa virée à Ibiza qui lui a valu une sacrée polémique en 2022, alors qu'il vivait ses derniers mois au ministère de l'Éducation nationale.

Il est vrai qu'Attal partage peu. Et surtout pas l'affiche. Quand il organise un grand meeting à sa gloire à Saint-Denis, début avril 2025, son discours est précédé par plusieurs tables rondes sur scène. Lorsque François Bayrou, Édouard Philippe ou Gérald Darmanin s'expriment, les chaînes de télévision demandent à récupérer l'image et le son. Mais les équipes de Renaissance n'ont pas prévu d'assurer une captation de ces interventions, qui ne sont d'ailleurs pas du tout répercutées sur les réseaux sociaux du parti. Le matériel déjà en place ne doit servir que pour le discours du héros du jour quelques heures plus tard, lorsque des « Attal président ! » jailliront de la foule comme par magie. Petites bassesses aussi vieilles que les meetings politiques. Dans le temps, on faisait faire la claque à ses militants pour couvrir les paroles d'un orateur. Aujourd'hui, c'est encore plus simple : on débranche le câble. C'est un proche de Gérald Darmanin qui finit par hausser le ton pour que les télévisions puissent capter l'intervention de son patron.

Le tempérament de Gabriel Attal diffère énormément de celui d'Emmanuel Macron, mais il partage beaucoup de ses qualités : un grand flair politique, un talent pour marquer l'opinion, une détermination hors pair au service d'une ambition débordante. Il a aussi ses défauts, dont le moindre n'est pas la paranoïa de celui qui fait le vide autour de lui pour s'assurer d'être le seul à briller.

Forcément, ses concurrents dans la course à la succession le comparent avec délectation au président, histoire de le mouiller dans le bain de rancœur qui accompagne la fin de règne. Le voilà présenté comme le fils spirituel, le continuateur naturel. « Une créature de Macron », décrit à ses visiteurs Gérald Darmanin, qui peut se targuer d'un parcours politique antérieur. Tandis qu'Édouard Philippe cherche aussi à lui refiler le mistigri : « Il s'inscrit dans la continuité. C'est une figure jeune et progressiste, qui a d'ailleurs repris le parti présidentiel[1]. » Traduisons les sous-entendus : vous n'allez quand même pas revoter Macron.

Attal a beau être en guerre avec le président en coulisses, il sait qu'il doit matérialiser les mots de la rupture devant le grand public, et pas seulement en changeant le nom du parti macroniste. Un passage obligé pour échapper à cette ombre pesante. De la même façon que Brutus n'était pas le fils de César, il n'est pas celui de Macron, seulement un jeune protégé qui a gravi rapidement le cursus honorum grâce aux faveurs du chef. « *Tu quoque mi fili ?* » Non, le président ne sera pas surpris le jour où l'héritier contrarié voudra porter l'un des coups de couteau fatals.

1. Entretien avec l'auteur le 3 juin 2025.

17

Philippe et la malédiction de Cassandre

« Celui-là seul remue le monde qui sait remuer les cœurs. »

Ernst Wiechert

Il tapote. Du pied par terre, tout le temps. De la main sur la table, quand il s'énerve un peu plus. Édouard Philippe tapote et dompte son impatience. Toute sa personne est un étrange mélange de détachement souriant et d'agacement permanent. Il déploie sa grande carcasse qui rappelle celle du Jacques Chirac des années 1980. Il adore imiter la voix de l'ancien président, champion de la politique vue comme un sport de contact. C'est un métier. Philippe y met moins de cœur, mais il sait donner des claques dans le dos, vider une pinte de bière en plaisantant, dire la phrase qui fera chavirer une mamie. Mais quand il ouvre la bouche, on est loin du Chirac activant son mode campagne électorale et disant en petit comité : « Je vous étonnerai par ma démagogie. »

Édouard Philippe a décidé de dire la vérité aux Français. Les caisses sont vides, la dette est abyssale, notre économie décroche dans la compétition mondiale, la chute du niveau d'éducation et d'innovation nous menace de disparition, notre modèle social vit au-dessus de ses moyens. Il faudra non seulement travailler plus mais aussi accueillir plus de travailleurs. Pour rester une puissance, même moyenne, même très moyenne, la recette est connue, mais encore faut-il se l'avouer dans son miroir : du sang et des larmes.

Tenter de se faire élire sur ce discours est risqué. Ça n'a même jamais marché. Lui dire cela, c'est la garantie de redoubler son agacement : « Vous voulez gagner sans risque ? Je veux bien qu'on dise "immigration zéro", mais ça n'existe pas. Regardez l'Italie, ils ont perdu deux millions de personnes dans leur population active. Donc il faudra de l'immigration, sinon il n'y a plus d'hôpitaux, plus d'Ehpad, plus d'agriculture française. Il faut maîtriser les flux, choisir qui vient, et c'est très compliqué. Mais l'immigration zéro, c'est du flan. Idem pour ceux qui parlent de la retraite à 62 ou 64 ans : ça n'existe pas[1]. » Ceux qui expliquent l'inverse sont impitoyablement renvoyés dans le camp des populistes. « C'est fascinant. Les gens qui disent qu'il faut écouter le peuple et prétendent dire ce que pensent les Français sont les mêmes qui prennent les Français pour des imbéciles. »

Une légende journalistique raconte que le fondateur du *Monde*, Hubert Beuve-Méry, intimait aux rédacteurs du quotidien vespéral, où

1. Entretien avec l'auteur le 3 juin 2025.

l'on s'est toujours pris au sérieux : « Messieurs, faites chiant. » Édouard Philippe, pourtant pas un grand fan du *Monde*, a choisi d'être le Beuve-Méry de la politique. Il va faire chiant. En tout cas, ce qu'il dira sera pénible à entendre.

Il pourrait être l'enfant de Raymond Barre et de Michel Rocard. Barre était ce Premier ministre de centre droit expliquant que « la France vit au-dessus de ses moyens ». Rocard était cet ancien premier ministre de centre gauche abjurant le Parti socialiste de se réconcilier avec l'économie du réel. Si la mythologie tenait lieu de paysage politique, Philippe endosserait un rôle dans leur lignée : celui de Cassandre, qui prévoit les malheurs à venir. Encore faut-il n'avoir pas été maudit par Apollon, à cause duquel personne ne croit les présages de la tragique princesse.

Édouard Philippe a fréquenté les jeunes rocardiens quand il était étudiant à Sciences Po. Il a ensuite bifurqué vers la droite dans les pas d'Antoine Rufenacht, qui lui a transmis sa mairie du Havre, et d'Alain Juppé, dont il fut l'un des lieutenants dans sa tentative ratée de remporter la primaire des LR en 2016. Depuis qu'Emmanuel Macron l'a propulsé à Matignon quelques mois plus tard, il n'est plus un personnage secondaire, mais un premier rôle.

Sur la scène, Édouard Philippe a tout de même un problème. Il doit expliquer au public pourquoi la France est dans un tel état alors qu'il a tenu les manettes de Matignon pendant trois ans. Alors, avant même la fin de l'ère Macron, il a décidé d'en écrire son histoire personnelle, qui se décompose très simplement en deux parties :

« Entre 2017 et 2020, il y a une volonté réformatrice très puissante. C'est le dépassement politique, la lutte contre les rentes et pour l'émancipation, la politique de l'offre. Les gilets jaunes n'arrêtent pas les réformes. La rupture arrive après le Covid. Emmanuel Macron choisit un Premier ministre, non pas pour réformer, mais pour apaiser. Et arroser aussi. »

De fait, lorsque Jean Castex arrive à Matignon, à la place d'un Édouard Philippe vexé d'avoir été congédié, ce n'est pas pour refermer le robinet du « quoi qu'il en coûte », loin de là. « Il y a une césure en 2020, reprend Philippe. Depuis 2017, le rythme était soutenu, il y avait une forme de cohérence. La décision de changer de Premier ministre porte la volonté de changer de politique. J'avais expliqué qu'après la gestion du Covid, il fallait arrêter de dépenser des sous. Le président a choisi quelqu'un qui n'a pas fait ça. Mais il n'a jamais expliqué pourquoi il avait changé de Premier ministre. Si vous retrouvez une interview dans laquelle il l'explique, vous me l'envoyez ! »

Comme le cholestérol, il y aurait donc le bon et le mauvais macronisme. Et l'on comprend que le bon ressemble furieusement à du philippisme. Les lieutenants de Philippe aiment attirer l'attention sur une courbe, celle du déficit public. Au tout début du premier quinquennat Macron, il baisse. Avant d'exploser ensuite. L'image vaut mieux que tout un tas de slogans de campagne.

Édouard Philippe le cérébral pose un discours politique et rationnel sur ce qui reste une blessure d'orgueil, celle d'avoir été congédié de Matignon – « viré », dit-il sèchement en privé – sans motif valable à ses yeux. À l'époque, Emmanuel Macron n'en peut plus de ce Premier ministre qui s'obstine à abaisser la vitesse sur les routes à 80 km/h, l'empêche de déconfiner les Français plus vite, et a, de surcroît, le mauvais goût de devenir populaire en admettant à la télévision qu'il ne sait pas tout du Covid. De cet épisode, il reste une sourde détestation entre les deux énarques, qui avaient pourtant beaucoup en commun, hormis le tempérament.

Parmi les proches du président, il suffit d'appuyer sur un bouton pour que se déversent les quolibets et les procès en ingratitude. Demandez par exemple son avis à un grognard de la première heure, le sénateur François Patriat : « Que serait Édouard Philippe si Macron n'était pas allé le chercher ? Il annonce qu'il fera un projet massif. Ça veut dire que ce n'est pas massif, ce qu'on a fait ?! Et puis qui a fait capoter la réforme des retraites par points ? Qui a sucré les APL ? Provoqué les gilets jaunes[1] ? » Voilà Judas sommé de quitter le Cénacle.

Emmanuel Macron lui a pourtant fait une curieuse proposition, même de manière indirecte. Quelques mois avant le choix d'un successeur à Laurent Fabius pour la présidence du Conseil constitutionnel, début 2025, des émissaires sondent Édouard Philippe. Était-ce un test ? Le président pensait-il vraiment que son ancien Premier ministre renoncerait à ses ambitions élyséennes pour l'un des plus beaux postes de la République ? Toujours est-il qu'Édouard

1. Entretien avec l'auteur le 13 septembre 2024.

Philippe décline et suggère de nommer un autre Normand, Bernard Cazeneuve, qui ne recevra aucune proposition. Macron choisira l'un de ses premiers fidèles, Richard Ferrand, et les députés philippistes approuveront sa nomination.

Édouard Philippe a quitté Matignon lesté d'une bonne image qui ne l'a pas quitté. Pour la vie quotidienne, c'est agréable. Pour une candidature présidentielle, c'est un inconvénient. La place de favori n'est pas toujours enviable. Le Tout-Paris s'amuse à dézinguer d'avance le scénario bien trop évident de sa victoire en 2027. On se répand dans les dîners en ville en expliquant d'un air entendu que l'on n'y croit pas. Philippe aimerait bien mettre à distance cet embarrassant statut : « Ça fait des années que je dis que je me branle des sondages. Je m'en fous. Je ne suis pas le candidat de l'institution, je ne suis pas Premier ministre sortant, j'ai refusé toutes les propositions qu'on m'a faites. Je suis maire du Havre et je me prépare à l'élection présidentielle, voilà. »

Si Édouard Philippe avait continué à se mouvoir habilement d'un poste à l'autre dans les hautes sphères du pouvoir, on le comparerait à Talleyrand, ce prince redoutablement intelligent, aussi pragmatique que cynique, à l'esprit vif et aux traits d'humour assassins. Il pourrait même faire sienne l'une de ses formules, très utile en campagne électorale : « Pour être aimable dans le monde, il faut se laisser apprendre ce que l'on sait. »

Mais il ne veut plus se mettre au service d'un monarque. Il veut gouverner lui-même. Même s'il a conscience de la catégorie dans laquelle beaucoup le classent : celle de ceux qui préfèrent l'exercice du pouvoir à sa conquête. C'est le spectre d'Alain Juppé et, derrière lui, l'ombre de ceux à qui l'on a toujours reproché leur côté distant, pondéré, technocratique, pour ne pas dire aristocratique. Ceux qui ont perdu, de Raymond Barre à Édouard Balladur. Ceux qui ne sont même pas allés au bout, de Michel Rocard à Jacques Delors.

Philippe n'est pas Juppé : moins coincé, plus second degré. Mais des similarités avec la tentative présidentielle de l'ex-maire de Bordeaux sautent aux yeux. Une « pensée complexe » déclinée dans des livres et des discours touffus. Des plans médias privilégiant France Inter et *Quotidien*, comme Juppé faisait fièrement la une des *Inrocks*. Un public bourgeois et propre sur lui dans ses meetings. Et en contrebas de la scène, un même homme : le ténébreux Gilles Boyer, maître d'œuvre de la campagne Juppé et plus proche complice de Philippe.

Juppé a échoué à devenir le candidat de la droite en 2017 parce qu'il croyait à « l'identité heureuse ». Le même écueil guette son lieutenant de l'époque. Une partie de son propre camp s'inquiète quand Édouard Philippe, interrogé sur l'interdiction du voile dans les compétitions sportives, tergiverse, raisonne, nuance, comme s'il était encore dans ses jeunes années et rédigeait un arrêt du Conseil d'État. Le juriste fait du juridisme, en faisant mine de ne pas voir que le sujet est culturel. C'était un matin de mars 2025, sur Europe 1 et CNews, et sa réponse alambiquée a beaucoup dérouté. « Parce que je réponds en trois minutes, et pas en trente secondes », s'est-il agacé après coup.

Dans le couloir de nage voisin s'est lancé un autre homme, Bruno Retailleau, bien décidé à appuyer sur les angles morts du philippisme, discours martial à l'appui. Les deux hommes s'apprécient personnellement, comme Juppé et Fillon se respectaient. C'est sans doute à leur tour de jouer le match multiséculaire entre les orléanistes et les légitimistes. Ils auront au moins un point d'accord : en finir avec les hasardeuses aventures bonapartistes d'un Emmanuel Macron reclus à l'île d'Elbe depuis sa dissolution, en attendant Sainte-Hélène.

18

Retailleau, le moine qui veut devenir pape

« Les hommes, fripons en détail,
sont en gros de très honnêtes gens. »

Montesquieu

Et si tout s'était joué là, au premier étage de l'hôtel de Matignon, cet après-midi du jeudi 19 septembre 2024 ? Michel Barnier, dans l'impasse pour composer son gouvernement post-dissolution, a convoqué une réunion de la dernière chance avec les responsables des partis concernés. À la fin, après que sont partis Édouard Philippe, Gabriel Attal et les autres, le Premier ministre retient dans son bureau Laurent Wauquiez et Bruno Retailleau, qui président respectivement les groupes LR à l'Assemblée et au Sénat.

À ce moment-là, ces deux figures de la droite anti-Macron sont partantes pour entrer au gouvernement. Reste à se partager les rôles. Laurent Wauquiez a d'abord accepté le ministère de l'Économie, mais en exigeant un grand Bercy. Son modèle : le périmètre géant qu'avait

Christine Lagarde à l'époque Sarkozy, en intégrant le Travail. Mais il change ensuite d'avis, en jetant son dévolu sur le ministère de l'Intérieur. C'est *niet* pour Barnier, qui officialise alors, devant l'intéressé, que la place Beauvau sera confiée à Bruno Retailleau. Ce qu'il ne dit pas, c'est qu'Emmanuel Macron ne veut pas de Wauquiez à Beauvau non plus. Même si Macron se gardera bien de le signifier à l'intéressé, qui échange pourtant en direct avec le président et Alexis Kohler.

Le ton monte, Barnier et Wauquiez se prennent le bec. Retailleau tente la conciliation. Il peut tout à fait aller à Bercy. Mais la décision de Barnier est prise. De toute façon, il faut laisser des postes aux macronistes : la droite ne peut prétendre régner à la fois sur l'économie et le régalien. Wauquiez campe sur sa position. Il n'entrera donc pas au gouvernement. Il expliquera en public que Barnier lui a proposé Bercy mais en lui indiquant qu'il faudrait augmenter les impôts.

On connaît la suite. Bruno Retailleau, inconnu du grand public malgré trente-cinq ans de vie politique, deviendra en quelques semaines la nouvelle star de la droite, enchantée qu'un ministre de l'Intérieur décrive aussi clairement la réalité. Laurent Wauquiez, l'ex-jeune premier du sarkozysme auquel on prédisait un destin de chef naturel de sa famille politique, s'abîmera dans d'obscures combinaisons politiques. Les trajectoires s'inversent. L'un surgit des cendres, l'autre mord la poussière.

Pourtant, quand il débarque au ministère de l'Intérieur, Retailleau est à mille lieues de songer à briguer la tête de son parti ou de se poser la question de l'élection présidentielle. À 63 ans, il découvre l'exercice du pouvoir national, lui qui n'a dirigé que des collectivités locales. Il faut apprivoiser cette grosse machine qu'est la place Beauvau. Apprendre les codes des policiers, des gendarmes et des préfets. Supporter la lecture de cette note qui, chaque matin, récapitule les faits de délinquance des dernières vingt-quatre heures. Il y a en France environ trois homicides par jour, sans compter quantité d'agressions de toute nature. À Beauvau, ministres et conseillers décompressent parfois en faisant des paris sordides sur les drames qui sortiront dans la presse et ceux qui resteront enfouis dans les comptes-rendus de l'administration. Mais le plus dur, ce sont sans doute ces funérailles d'agents auxquelles il faut assister, ces familles à appeler, ces orphelins à regarder dans les yeux. « À Beauvau, j'enterrais un de mes fonctionnaires tous les mois et demi[1] », a compté Gérald Darmanin quand il occupait le poste.

Bref, en cette rentrée 2024, Bruno Retailleau est happé par la lessiveuse et ne compte pas se mettre sur la route de Laurent Wauquiez, qui s'apprête à reprendre la tête du parti LR. Et puis, « Laurent joue le jeu », constate-t-il. Au début seulement. L'appétit ne viendra pas en mangeant, mais en étant démangé. Car plus Retailleau observe Wauquiez s'agiter, plus il conçoit une

1. Entretien avec l'auteur le 18 juin 2025.

répugnance pour le personnage. Resté dans les tranchées de l'Assemblée, le patron du groupe LR ne se prive pas de mettre des bâtons dans les roues du gouvernement Barnier. Son analyse n'a pas varié depuis des années : celui qui s'approchera de trop près du soleil macroniste se noiera comme Icare. Alors il faut prendre ses distances, tout le temps, et férocement.

La rupture sera consommée à la fin de l'année. Quand Barnier est censuré, Wauquiez remet en question la participation des LR au gouvernement. Il cherche à écarter Retailleau des conciliabules destinés à former la nouvelle équipe. La vérité, c'est qu'il veut l'éjecter de Beauvau. « Ce n'est plus possible », enrage Retailleau devant ses proches. Il a toujours entendu pis que pendre sur les méthodes brutales de Wauquiez, mais cette fois, il est comme saint Thomas : il voit. « À un moment, on met la main dans la plaie », dira-t-il autour de lui.

Bruno Retailleau l'admet volontiers : ces trois mois ont servi de déclencheur. À la racine de sa volonté de prendre la tête de la droite traditionnelle, il y a son ambition personnelle, son projet pour la France… et Laurent Wauquiez. Confirmation lorsque les deux hommes dînent ensemble, un soir du début février 2025, alors que la campagne pour la présidence de LR s'apprête à démarrer. Non seulement les agapes se passent mal, mais une formule lâchée au *Figaro* par l'entourage de Wauquiez achève d'exaspérer le ministre : « Laurent en campagne, c'est un tueur. » La phrase se veut une ultime tentative de dissuasion, elle a l'effet contraire. Le camp adverse appuie sur le bouton et la bombe sera dévastatrice pour Wauquiez. Retailleau emporte le parti avec près de 75 % des voix.

Pourtant, Laurent Wauquiez pilonne, ne manque pas une occasion d'affubler son adversaire d'une image de ministre impuissant et sans résultat. Mais il ne peut rien face à la dynamique du grand favori. Même si, côté Retailleau, il n'est pas interdit d'être un peu politicien. Ce n'est pas un hasard si le ministre attend d'avoir gagné pour signer un arrêté facilitant les recrutements d'étrangers pour les métiers en pénurie de main-d'œuvre, qui patientait depuis des mois sur son bureau. Pas question de donner prise à Wauquiez, qui se serait jeté dessus pour dénoncer un dangereux laxisme migratoire.

Il faut se méfier de cette espèce très rare que sont les sénateurs maigres. Leur appétit se porte généralement sur autre chose que les bonnes tables du palais du Luxembourg. Même si Retailleau ne gagne pas seulement sur son nom et son image. Il bénéficie aussi de l'effet repoussoir qu'inspire Wauquiez, à force de crisper aussi bien les autres camps que le sien. Quand ce dernier perd, une joie mauvaise parcourt d'ailleurs les esprits un peu partout, jusqu'à l'Élysée et Matignon. Retailleau en est conscient : quand il a informé Emmanuel Macron et le Premier ministre François Bayrou qu'il briguerait la présidence de LR et qu'il comptait bien cumuler cette fonction avec le ministère de l'Intérieur, aucun des deux n'a cherché à le décourager.

Voilà le sénateur policé et travailleur, qui tentait désespérément d'apparaître sur les radars médiatiques, coiffé en neuf mois de la casquette de ministre vedette du gouvernement et de celle de patron de parti. Que va-t-il faire de ces couvre-chefs ? « Colline après colline », a-t-il l'habitude d'esquiver. La vérité, c'est que son envie de gravir la montagne présidentielle ne fait plus guère de doute. Autour du moine-soldat en chef s'active une petite équipe un peu trop homogène de bénédictins, très fidèles et très à droite, qui planchent sur la suite.

Une alternance : c'est déjà ce qu'avait préparé Bruno Retailleau en 2017. À l'époque, il est resté jusqu'au bout dans le bunker avec François Fillon. Quand Emmanuel Macron convoque le Parlement à Versailles, l'été qui suit son élection, Retailleau porte le deuil en déroulant devant le Congrès son corpus libéral-conservateur, pendant que certains de ses petits camarades LR quittent le navire pour rejoindre le nouveau pouvoir. Patrick Mignola, un fidèle de François Bayrou, reste marqué par ce souvenir : « C'était le discours le plus impressionnant parmi les présidents de groupe. Quasiment sa déclaration de politique générale s'il avait été Premier ministre de Fillon. En 2017, Retailleau était prêt à gouverner[1]. »

Ce n'est pas parce qu'il côtoie chaque semaine le président en conseil des ministres que Bruno Retailleau a renoncé à instruire le procès du macronisme. Il n'a tout simplement jamais cru à ce projet sans racine, sans structure, sans colonne vertébrale, reposant simplement sur

1. Conversation avec l'auteur le 10 avril 2025.

la performance et le narcissisme d'un homme. Quelques mois avant de devenir ministre dans le chaos post-dissolution, il fustigeait encore cette insupportable propension d'Emmanuel Macron à dire à son interlocuteur du moment ce qu'il veut entendre : « Quand il est dans un chenil, il aboie[1] ! »

Écoutons-le refermer d'avance la parenthèse : « J'ai toujours considéré que le macronisme, c'était Emmanuel Macron. Personne ne s'apprête à prolonger cette expérience. Certains s'inscrivent dans cette idée d'un bloc central, mais je pense que cette idée est morte, parce qu'elle aboutit à une forme d'impuissance. On ne peut pas réformer si on n'a pas une ligne très claire[2]. »

Retailleau le conservateur croit aux matrices venues des tréfonds de l'histoire : « Il y a des invariants, des permanences. Ce sont des éléments d'ordre anthropologique. La droite et la gauche correspondent à des tempéraments. Être de droite, c'est préférer le village au globalisme, la réalité au ciel des idées, la limite à l'absence de frontière. Et puis un bloc central s'accompagne de deux ailes radicales, donc l'alternance est forcément l'une d'entre elles. C'est dangereux. » Dans le paysage politique aussi, Retailleau aimerait rétablir l'ordre. Il décèle une forme de retour d'un clivage traditionnel, mais éclaté. D'un côté, la gauche de Mélenchon et la social-démocratie. De l'autre, la droite de

1. Conversation avec l'auteur le 15 février 2024.
2. Entretien avec l'auteur le 24 juin 2025.

Bardella et la sienne. Sur chacun de ces flancs, une concurrence féroce.

Bruno Retailleau dit n'avoir pas d'animosité personnelle contre Emmanuel Macron. Il s'emploie même à en dire un peu de bien : « C'est un homme remarquablement intelligent, qui travaille énormément et connaît ses dossiers par cœur. Il habite sa fonction présidentielle, et je sens dans son être qu'il veut prendre soin de cette fonction. Mais sur le fond, c'est un progressiste. Il est arrivé au pouvoir avec les idées d'un libéral américain. Même s'il a évolué au contact du pouvoir. Il s'est droitisé, ses troupes aussi. Sur le régalien, il sent bien qu'il faut être très ferme. » Les deux hommes ont eu l'occasion d'en parler quand le gouvernement Barnier se formait dans la douleur, en septembre 2024. Macron pense alors à Retailleau pour être garde des Sceaux. L'idée de s'attaquer à la politique pénale tente l'intéressé, mais il réalise rapidement qu'il aura contre lui l'ensemble de l'administration et des syndicats de magistrats, qu'il n'a jamais épargnés.

Bruno Retailleau, lui aussi, évolue au contact du pouvoir. Sur l'Europe, par exemple. Lui, l'indécrottable souverainiste, le « noniste » de 2005, fils spirituel mais émancipé de Philippe de Villiers, trouve finalement une utilité à ce monstre technocratique froid. En sortant de son premier Conseil avec ses homologues européens, le ministre de l'Intérieur appelle l'ancien eurodéputé Arnaud Danjean, dont il apprécie les compétences et la droiture : « En fait, c'est formidable, Bruxelles. Il y a plein de gens qui pensent comme nous ! » Au cours de ces longues réunions à vingt-sept, Retailleau se délecte d'entendre un social-démocrate danois tenir peu ou prou le même discours sur l'immigration qu'un conservateur allemand : trop, c'est trop. « C'est un paradoxe, théorise-t-il. L'immigration ne fait plus polémique en Europe et chez les Français, mais elle fait encore polémique dans le microcosme politico-médiatique parisien. »

Sur ce sujet, Retailleau est au diapason de l'opinion. Mais sur le reste ? Son logiciel de droite est classique : ordolibéral, productiviste, conservateur. Son refus de l'islam et d'une société multiculturelle est tenace. François Bayrou s'est déjà alarmé, devant ses proches, de tant de rigidité : « C'est dingue, même Bardella est plus modéré ! » Si le Vendéen ne parvient pas à élargir son socle, son éventuelle campagne risque de ressembler à celle de Charette, le général royaliste qui a farouchement combattu un ordre nouveau, avant d'être écrasé par le fracas de la Révolution.

Il n'empêche : avec son parler-vrai et son style qui plaît aux « honnêtes gens », comme il les appelle, Bruno Retailleau est devenu une marque. D'ailleurs, certains se verraient bien l'acheter. Des lieutenants d'Édouard Philippe ont songé presque tout haut à un ticket avec leur champion, qui resterait bien entendu le numéro un. Quand Retailleau est nommé ministre de l'Intérieur, le maire d'Angers, Christophe Béchu, cadre du parti philippiste Horizons, lui envoie une fiction politique publiée par *Valeurs actuelles* à l'été 2021. Édouard Philippe y est élu président après avoir été rallié par Bruno Retailleau. « La prophétie se rapproche ! » plaisante Béchu.

Le message fait sourire Retailleau. Il respecte Philippe, mais ne tient pas à être associé à son bilan de Premier ministre de Macron. « Nous avons des parcours différents, mais aussi deux tempéraments différents face aux éléments », considère-t-il. Dans ce propos réside une ambiguïté : sont-ils incompatibles ou complémentaires ?

En tout cas, Retailleau considère qu'il est à son compte. Il veut un rôle principal sur la scène de 2027. Quoi qu'il arrive, il aura un projet sous le bras. Il savait qu'en débarquant place Beauvau, il aurait peu de temps pour le construire. « C'est très dur de réfléchir quand on est à l'Intérieur » : l'avertissement vient de Gérald Darmanin, qui y a passé quatre ans. « Mieux vaut avoir réfléchi avant ! » rétorque Bruno Retailleau avec aplomb. La vraie question pour lui, c'est de gérer un statut devenu hybride, au moins pour un temps : un pied dans le pouvoir macroniste finissant, un pied dehors à vilipender le bilan présidentiel. Il a enfin existé parce qu'il a été propulsé à l'Intérieur. Le peut-il à l'extérieur ?

19

Darmanin, les complexes du décomplexé

« L'avantage d'être intelligent, c'est qu'on peut toujours faire l'imbécile, alors que l'inverse est totalement impossible. »

Woody Allen

Si l'on n'a pas été Premier ministre à quarante ans, a-t-on raté sa vie ? Gérald Darmanin n'est pas loin de le croire, en cette rentrée de septembre 2025, après la chute du gouvernement de François Bayrou. Non seulement Matignon vient une nouvelle fois de lui passer sous le nez, mais en plus Emmanuel Macron l'a confié à Sébastien Lecornu, 39 ans, c'est-à-dire trois de moins que lui. C'est peu dire que Lecornu est un ami de Darmanin : il est son témoin de mariage et le parrain de l'un de ses fils. Mais en politique, c'est aussi un rival. Darmanin ne le dira jamais, mais quand Macron a préféré Bayrou à Lecornu pour Matignon, fin 2024, il a été soulagé de ne pas voir son compère le doubler en obtenant le poste que lui convoitait tant. Cette fois, la collision politico-amicale est arrivée, et elle est cruelle.

Darmanin avait pourtant essayé de se faire une raison après l'été 2023, quand il y avait cru au point de défier publiquement la Première ministre d'alors, Élisabeth Borne, et de mettre Emmanuel Macron au pied du mur. « Cet été-là, quand le président finit par garder Élisabeth Borne, je me dis que ce n'est pas juste. Mais la fois suivante, quand je le vois hésiter entre Gabriel Attal et Julien Denormandie, je comprends qu'il y a sans doute un sujet de classe. Il y a une tendance à la reproduction des élites sociales[1] », confie-t-il beaucoup plus tard.

On ne sait jamais si Gérald Darmanin pense vraiment ce qu'il dit. C'est ce qui en fait un pur politique, une espèce qui lui a permis de se distinguer facilement dans le monde macroniste des technocrates et de la « société civile ». En tout cas, son discours est tout trouvé. Dans cet écosystème de gens bien nés et bien diplômés, lui qui a toujours fait savoir que son père était patron de bistrot et sa mère femme de ménage, serait victime de mépris de classe. Voire de racisme, alors qu'il ne manque pas non plus une occasion de rappeler qu'il porte aussi le prénom Moussa, celui de son grand-père tirailleur algérien. « Je considère que l'on me voit parfois différent parce que je suis issu de l'immigration et d'un milieu ouvrier. On ne dit pas que je suis brillant mais que je suis malin, vous avez remarqué ? On partage ça avec Rachida Dati, d'ailleurs. » Devant un interlocuteur, il s'est déjà fait plus grinçant en évoquant certains des plus hauts gradés de la macronie : « Ces gens considèrent un peu que je suis un Arabe… »

1. Entretien avec l'auteur le 18 juin 2025.

Le complexe sert d'habillage politique, mais la blessure paraît réelle. Gérald Darmanin cite aussi l'exemple de son compère Sébastien Lecornu, « un popu rural » qui subirait le même mépris. Sauf que Macron a fini par nommer Lecornu Premier ministre. La démonstration vacille.

Favorable à la dissolution, essentiellement parce que son rival Gabriel Attal en a été la première victime, Gérald Darmanin n'en a pourtant pas récolté de fruits immédiats. À la fin de l'été 2024, il sort de quatre ans à Beauvau, auréolé d'une sécurisation réussie des Jeux olympiques, mais complètement lessivé. Il rêve d'un ministère moins politicien, plus chic, qui lui permettrait de gagner en stature : le Quai d'Orsay. Très bonne idée, lui dit Emmanuel Macron quand il s'en ouvre à lui. Mais Michel Barnier le met à la porte, et Darmanin comprendra rapidement que le président ne se battra pas pour lui. Il commence à connaître la musique. Macron ne lui a-t-il pas fait miroiter la présidence du groupe Renaissance à l'Assemblée cet été-là ? En réalité, le chef de l'État ne contrôle plus ses troupes, et le frère ennemi Gabriel Attal s'est aisément emparé du joujou.

Réélu député après la dissolution, Gérald Darmanin hésite à reprendre sa mairie de Tourcoing. Va pour un retour à l'Assemblée, où il traîne sa peine. Ses collègues lui voient la mine déprimée dans les réunions de groupe. Psychologiquement, on ne rompt pas facilement avec sept ans de présence continue au gouvernement, avec le logement de fonction et l'intendance qui suit. Dans ces moments-là, Darmanin peut facilement envisager de tout envoyer bouler. « Je vais faire de l'argent », l'entendent dire certains interlocuteurs. C'est ce qu'assurait son mentor Nicolas Sarkozy quand il parlait de sa retraite politique. D'ailleurs, le Comité international olympique propose un job à Darmanin après les JO.

Mais son seul milieu naturel est la politique. Et puis la porte se rouvre dès la fin 2024, quand Michel Barnier saute. François Bayrou l'appelle tout de suite, lui propose d'être garde des Sceaux. Darmanin a une nouvelle fois demandé le Quai d'Orsay, mais il ne fait pas la fine bouche. La traversée du désert a été courte, mais rude. C'est avec soulagement qu'il redevient ministre. D'ailleurs, quand il menace très brièvement de démissionner quelques semaines plus tard, parce que la position du gouvernement sur le port du voile dans les compétitions sportives est trop ambiguë à son goût, Emmanuel Macron se fait vachard en petit comité : « Je ne comprends pas… Je croyais qu'il faisait froid dehors ! »

Gérald Darmanin n'a pas son pareil pour avoir plusieurs fers au feu. Le jour, il est ministre comme il sait l'être, en faisant des coups. Le ministère de la Justice est un des plus périlleux quand on est de droite. Mais, coup de chance, il a la tutelle de l'administration pénitentiaire. La prison, voilà un excellent objet politique quand on veut montrer les muscles et présenter rapidement des résultats. Il va rassembler les narcotrafiquants les plus dangereux dans un centre pénitentiaire hautement sécurisé et l'inaugurer au creux de l'été, histoire d'être sûr que les caméras ne soient pas occupées ailleurs.

Le soir et les week-ends, qui sont moins chargés que lorsqu'il était à Beauvau, Darmanin prépare la suite. Mais quoi ? Parfois, son ami Thierry Solère soupire : « Le problème de Gérald, c'est qu'il ne sait pas ce qu'il veut faire. » Après la dissolution, il a beaucoup toqué à la porte d'Édouard Philippe, qui ne lui a pas donné ce qu'il voulait. Président du groupe Horizons à l'Assemblée ? Désolé Gérald, trop de réticences en interne. Si Darmanin aimerait apparaître comme le numéro deux de la campagne du maire du Havre, c'est parce qu'il cherche, en cas de victoire, à obtenir de Philippe ce qu'il n'a pas eu de Macron : être Premier ministre. Mais il y croit de moins en moins. « Avec lui, je n'aurai pas Matignon », a-t-il lâché à l'ex-sénateur Pierre Charon.

Entre les deux hommes, qui sont montés ensemble dans le train Macron en 2017, s'est accumulée une petite foule de malentendus. Publiquement, ils tiennent à rivaliser de compliments réciproques. Philippe : « J'aime beaucoup Gérald. C'est un ami, j'ai estime et affection pour lui. Il a une expérience rare alors même qu'il est jeune, il peut continuer à apporter énormément. Il ne faut pas le prendre simplement pour un type qui castagne et fait des bons mots. Il y a toujours eu quelque chose de plus sérieux et de plus profond chez Gérald[1]. » Darmanin : « J'ai une amitié profonde pour Édouard. Je le connais depuis vingt ans, c'est un homme bien, un homme d'État, une relation humaine forte. »

C'est beau comme l'antique. Mais il y a ce qu'ils disent moins fort. Philippe le normand n'a pas du tout un tempérament à se lier les mains. Encore

1. Entretien avec l'auteur le 3 juin 2025.

moins en payant chèrement le soutien d'une personnalité dont la popularité est loin d'être égale à la sienne. Darmanin le nordiste le vit, là encore, comme un mépris de classe. Celui de l'énarque à qui l'on a beaucoup donné tout de suite envers le militant de base qui a dû forcer la porte.

Au fond, tant que l'enjeu n'est pas immédiat, Philippe et Darmanin s'amusent. Ils rejouent les dialogues de Jean-Paul Belmondo et Lino Ventura dans *Cent mille dollars au soleil*. Une virile complicité n'empêche pas les bourre-pifs, au contraire. D'ailleurs, Darmanin a rodé un autre discours pour asticoter Philippe : il n'est pas d'accord avec lui, en tout cas pas sur tout. « Je dis à Édouard que, pour l'instant, sa ligne n'est pas la mienne. Et je pense qu'il peut la faire changer. »

Gérald Darmanin a beau apprécier la fréquentation des grands patrons depuis qu'il a rejoint les hautes sphères du pouvoir, il n'a jamais épousé la théorie du ruissellement. Combien de fois a-t-il dit, depuis le début de l'ère Macron : « Les gens veulent qu'on soit plus fermes sur le régalien et plus sociaux sur l'économie, et ils ont l'impression qu'on fait l'inverse. »

Il résume le casting, colle les étiquettes : « Édouard est libéral-sociétal. Retailleau est libéral-conservateur. Attal est social-démocrate. Personne ne porte le chemin du bon sens, celui du séguinisme et du gaullisme social. La ligne politique qui gagne, c'est être très dur sur l'autorité tout en ayant de l'empathie sociale. Si on pense qu'on ne peut gagner qu'avec du sang et des larmes en étant réactionnaire, autant filer directement les clés à Le Pen et Bardella. » Darmanin sait que ce discours associant les sécurités physique, sociale et culturelle est peu ou prou celui du RN. Mais il le voit plus chez Marine Le Pen que chez Jordan Bardella, attiré par les patrons et le discours anti-État.

Son autre reproche à la macronie, c'est cette approche technique et froide du pouvoir, ces tableaux Excel et ces éléments de langage qui répugnent l'électeur de Tourcoing. Et parmi ses rivaux, il ne voit personne trancher avec cette attitude. « Personne ne fait de l'empathie. Ce sont des gens qui ne prennent pas les sentiments au sérieux. On dit aux gens qu'on a augmenté leur pouvoir d'achat de 0,7 %… Quand ma femme me dit qu'il fait froid, je ne lui dis pas “Non il fait chaud”, je lui prête ma veste ! Vous savez, c'est comme les bisous magiques quand votre enfant a un bobo. Mais quand on a une lecture strictement rationnelle, on n'est pas capable de faire des bisous magiques. »

Alors Gérald Darmanin est à son compte. « Je vais tenter d'être candidat », formule-t-il en toute décomplexion. Il ne compte pas parmi les favoris pour 2027, mais comme il le dit, « la température de l'eau peut changer dix fois ». Il consulte des experts, fait des dîners de levée de fonds, anime sa petite boutique.

Il aimerait surtout corriger son image. Quatre ans ministre de l'Intérieur, à annoncer les mauvaises nouvelles et les bilans tragiques, à bander les muscles sans forcément que l'action suive, cela vous rigidifie un homme, en tout cas à la télévision. Un mensonge le poursuit, celui du fiasco du Stade de France, juste après la réélection de Macron en 2022. En pleine campagne des élections législatives, qui ne donneront au président qu'une majorité relative, le couac sécuritaire se double d'une faute politique. Darmanin attendra trois ans pour présenter ses excuses, dans un long entretien au podcast Legend.

Et puis il y a cette image dégradée chez les jeunes et les femmes, à cause de ces anciennes accusations de viol. La justice a rendu un non-lieu définitif, mais l'homme en est sorti abîmé. Ses communicants glissent qu'ils y travaillent. Gérald Darmanin l'assure : les gens qui viennent lui parler lui expliquent qu'il est beaucoup plus sympathique en vrai qu'à la télé. Il aimerait résoudre ce problème.

Darmanin est ballotté entre deux catégories. Parmi les premiers de Ligue 1, mais pas certain d'être qualifié pour la Ligue des champions, aux côtés des chouchous des sondages comme Édouard Philippe, Gabriel Attal ou Bruno Retailleau, ce rival direct dont l'émergence rapide l'a beaucoup agacé. Il a tenté de réclamer des matchs de barrage, c'est-à-dire une primaire, dont les favoris ne veulent évidemment pas.

Gérald Darmanin a souvent expliqué qu'un jour, il quitterait la politique pour ouvrir un bar à vins en Italie. Cela relève à ce stade de la pure coquetterie. Son omniprésence médiatique et ses coups politiques ne suffisent pas à l'imposer dans le match des grands ? Il continuera, tapera plus fort dans le ballon. Il ressasse ses complexes, mais on ne l'imagine absolument pas réciter à la France les vers résignés d'Antiochus face à l'indifférence de Bérénice :

« Que vous dirai-je enfin ? je fuis des yeux distraits,

Qui, me voyant toujours, ne me voyaient jamais. »

20

Quand le rideau tombera

> « Je veux que, pendant des siècles, on continue à discuter sur ce que j'ai été, ce que j'ai pensé et ce que j'ai voulu. »
>
> Talleyrand

À quel moment n'est-il pas photographié ou filmé ? La vie d'Emmanuel Macron ressemble à un tournage géant. C'est *The Truman Show*, mais avec un Truman qui aurait réclamé lui-même qu'on ne perde pas une miette de ses agissements.

On connaît les clichés postés régulièrement sur Instagram par la photographe officielle de l'Élysée, Soazig de La Moissonnière, qui a tous les accès et sait tout ou presque des petits secrets du président, qu'elle suit depuis sa campagne de 2017. Mais Macron ne souhaite pas seulement un album photo. Il veut aussi un film, pour ne pas dire une fresque.

À la fin de son premier quinquennat, il a accepté d'être suivi de près par une caméra en vue d'un documentaire. Le producteur est

Mediawan, géant de l'audiovisuel fondé par le producteur Pierre-Antoine Capton et les hommes d'affaires Xavier Niel et Matthieu Pigasse. Dans son avion pour se rendre à un événement, dans les rencontres avec ses homologues étrangers, dans des réunions au sommet à l'Élysée, Emmanuel Macron est régulièrement filmé. Même à l'occasion d'une discussion en « off » avec le président, il arrive de s'apercevoir après coup que la discrète caméra n'a rien perdu de l'échange.

Les rushs, ces images stockées dans les cartes mémoire, s'accumulent année après année. Les rares qui les ont vus racontent quelques scènes décalées, comme celle où Emmanuel Macron joue aux jeux vidéo avec Mohammed ben Salmane, le prince héritier d'Arabie saoudite, grand fan de cette activité. L'équipe de tournage a aussi capté la fameuse réunion du 9 juin 2024 à l'Élysée, lorsque le président a annoncé la dissolution aux cadres de son camp, abasourdis. Sans aucune certitude que ces séquences soient un jour montrées au public.

Car un mystère plane sur le devenir de ce projet. Un premier montage a été réalisé et visionné à l'Élysée. Mais Emmanuel Bonne, le chef de la cellule diplomatique, s'est opposé à sa diffusion. Impensable, tant que Macron est toujours président, de montrer des images aussi indiscrètes : on ne risque rien moins que des crises diplomatiques en série. Le sherpa n'oublie pas les récriminations du Kremlin quand un documentaire tourné par le journaliste Guy Lagache avait montré un coup de fil entre Macron et Poutine, juste avant la guerre en Ukraine.

Alors, chez Mediawan, les rushs s'accumulent toujours plus. Quelle forme prendront ces images inédites ? Un film pour le cinéma ? Une série diffusée sur une plateforme ? Ils sont en tout cas quelques-uns, au cabinet élyséen et parmi les proches du président, à s'inquiéter de cette matière potentiellement explosive, qui ne doit surtout pas fuiter. Le contre-modèle d'Emmanuel Macron était François Hollande livrant le fond de sa pensée aux journalistes Gérard Davet et Fabrice Lhomme, qui ont crucifié ses derniers espoirs de se représenter avec la sortie de leur livre[1]. Était-ce donc pour reproduire la même chose, mais cette fois avec l'image et le son ?

Quelques autres documentaristes ont été autorisés à approcher Macron. Comme le cinéaste ukrainien oscarisé Mstyslav Chernov, qui tourne avec les principaux dirigeants européens et Volodymyr Zelensky. Côté écrit, il ne compte pas sur de vulgaires journalistes pour composer la geste de son pouvoir, mais a des entretiens avec le très respecté historien Éric Roussel, biographe de De Gaulle, Pompidou, Mitterrand ou Mendès France. Rien que ça.

Emmanuel Macron n'est pas le premier président à vouloir absolument graver son image dans les pellicules et les livres d'histoire. Les rois convoquaient les peintres officiels pour se faire tirer des portraits flatteurs, les empereurs réclamaient aux poètes de composer à leur gloire. Les supports passent, reste le narcissisme. Mais

1. *Un président ne devrait pas dire ça...*, Stock, 2016.

Macron a une obsession toute particulière pour le contrôle, comme le traduit son rapport avec la presse depuis 2017. Les journalistes qui suivent l'actualité présidentielle sont ainsi sèchement tenus à distance. Horaires capricieux, déplacements surprises, nombreuses séquences fermées à la presse... Il arrive souvent à des confrères étrangers ou à des communicants du gouvernement de s'étonner de la dureté des pratiques élyséennes.

Il faut dire que les logisticiens hors pair du service de presse du palais doivent, eux, composer avec les caprices du patron, capable d'arbitrer un déplacement quelques heures avant et habitué à accumuler des retards alarmants. Il n'empêche : de mémoire de vétérans de la profession, jamais avant Macron la presse n'a été autant maltraitée par un président, à rebours des grandes leçons de démocratie que donne l'intéressé aux quatre coins de la planète.

Le paradoxe, c'est qu'Emmanuel Macron ne rechigne pas à s'exprimer devant les journalistes. Il ne peut pas nous voir, mais il aime bien nous parler. Le grand silence dédaigneux théorisé à ses débuts est vite tombé. Il n'a pas résisté à l'image arrogante et aux incompréhensions qui se sont rapidement installées dans l'opinion. Et puis, quoi de mieux, quand on aime les grandes démonstrations orales, que des gens dont le métier est de poser des questions ? D'un naturel affable, Macron aime affronter la contradiction, aller au bout des discussions. Mais aussi avoir le dernier mot.

De « grand débat » en allocutions, d'interviews télévisées en « lettres aux Français », sa présidence est devenue bavarde, parce que tel est son tempérament. À chaque fois, Emmanuel Macron veut étaler son savoir, démontrer sa maîtrise des points les plus techniques, renvoyer ses interlocuteurs dans leurs vingt-deux. À certains égards, ces deux quinquennats ressemblent à une éternelle répétition de son grand oral de l'ENA.

Aurélien Rousseau, qui fut directeur de cabinet d'Élisabeth Borne à Matignon avant d'être élu député de gauche, a son explication : « À l'Élysée, tout le monde vit avec la mémoire illuminée de la performance du grand débat[1]. » En 2019, pour s'extraire de la flambée de colère des gilets jaunes, Macron entame cette série de séances de questions-réponses avec des élus sur le terrain. Mais cela ne restera qu'un morceau de bravoure personnel. Les cahiers de doléances ouverts pour recueillir la parole des Français ne seront jamais lus. Le prétendu exercice démocratique a viré à l'équipée narcissique.

En mai 2025, quand le président affaibli par la dissolution et tenu à l'écart du pouvoir national s'invite pendant plus de trois heures sur TF1 pour balayer à peu près tous les sujets du moment, son camp ne cache pas de gros doutes. Le même soir, François Rebsamen, ministre de l'Aménagement du territoire, qui reçoit à dîner quelques présidents de région, lâche devant ses convives : « Pourquoi est-ce qu'il parle ? Il devrait rester sur les sujets internationaux... » Au bout de

1. Conversation avec l'auteur le 12 mai 2025.

l'émission : aucune nouveauté, aucune annonce, mais un long exercice d'autojustification, et un dialogue de sourds avec les personnalités venues porter la contradiction.

Devant son écran, François Hollande n'est pas le seul à penser au débat télévisé entre Jacques Chirac et des jeunes Français, avant le référendum de 2005. « Je ne le comprends pas », avait fini par lâcher un Chirac désarçonné à propos du pessimisme de ses interlocuteurs, dans une émission où l'on entrevoyait déjà sa fin de règne. Macron, lui, ne comprend pas qu'on ne le comprenne pas. Constat cinglant de Hollande : « Il fait comme si rien ne l'atteignait, comme s'il maîtrisait ce qu'en réalité il ne maîtrise plus. La vérité, c'est qu'il a perdu pied. Il s'est lui-même organisé une solitude qui aujourd'hui est un piège[1]. »

Au fond, le président est un comédien. Son pouvoir est comme une pièce de théâtre, dont il doit tenir le rôle-titre jusqu'au dernier acte. Tant pis si le public est perdu, et ne sait plus s'il s'agit d'une comédie ou d'une tragédie. Après un discours, un sommet, une émission, un débat avec des intellectuels, Emmanuel Macron se pose immédiatement une question : a-t-il été bon ? Comme un acteur qui revient dans sa loge, il demande des avis. « Tu as trouvé ça comment ? » envoie-t-il à un patron au soir d'un sommet « Choose France ». « Tu ne m'as pas dit ce que tu en as pensé », presse-t-il un proche au lendemain d'une interview télévisée. En l'occurrence, si son correspondant ne l'a pas fait,

1. Entretien avec l'auteur le 5 juin 2025.

c'est précisément parce qu'il n'en pensait pas moins. Quand il enregistre une allocution, dès que la caméra s'éteint, le président cherche vite des évaluations dans les regards. À commencer par celle de son épouse et ancienne prof de théâtre : « Elle est où, Brigitte ? »

Quand le rideau tombera, retiendra-t-on le texte ou l'action ? La postérité est une question qui obsède Emmanuel Macron. Une question, parce que la réponse ne peut exister si tôt. Seule l'histoire tamise ce que l'on retient à grands traits des présidents. François Mitterrand a aboli la peine de mort. Jacques Chirac s'est opposé à la guerre en Irak. Nicolas Sarkozy a sauvé le système financier mondial. François Hollande a légalisé le mariage homosexuel.

Il y a bien les réformes menées tambour battant à son arrivée au pouvoir. Son communicant en chef, Jonathan Guémas, déroule un argumentaire rodé : « Quand il a été élu pour la première fois, les deux préoccupations majeures des Français étaient le chômage et le terrorisme. Depuis, ces deux sujets ont été relégués très loin dans leurs priorités[1]. » Il y a aussi l'Europe et les tentatives très incertaines de la transformer en puissance unie. Côté patrimonial, pas de pyramide du Louvre ni de centre Pompidou, mais une restauration de Notre-Dame menée en accéléré.

Emmanuel Macron ne choisira pas le peu que l'on retiendra de lui dans dix ou cinquante ans. Mais en attendant, pour valoriser jusqu'au bout son action, le président parle, l'acteur récite.

1. Entretien avec l'auteur le 20 mai 2025.

21

Opération 2032

« Peu de gens savent être vieux. »

La Rochefoucauld

« Attends, c'est Marine… » Emmanuel Macron interrompt la conversation téléphonique avec l'un de ses conseillers pour prendre le double appel qu'il vient de recevoir. Le nom de Marine Le Pen vient de s'afficher sur son smartphone. Assis dans sa voiture blindée, ce 7 janvier 2025, le président revient de la commémoration des dix ans de l'attentat islamiste contre *Charlie Hebdo*. Mais un événement vient de percuter cette actualité : Jean-Marie Le Pen est mort, à l'âge de 96 ans. Emmanuel Macron présente directement ses condoléances à la fille du fondateur du Front national.

Le coup de fil est cordial mais bref. À l'image de la relation particulière qu'entretiennent ces deux adversaires politiques. Depuis 2017, Emmanuel Macron et Marine Le Pen se combattent durement, mais sans se haïr. Leurs deux duels de second tour, avec débats télévisés à la clé, ont créé entre eux un lien spécial. Ils sont d'une catégorie à laquelle très peu de politiques peuvent se targuer d'appartenir. Le plus ironique, c'est qu'un étrange destin commun se dessine, qui pourrait leur imposer de quitter la scène ensemble, contre leur gré. Elle, écartée par une condamnation judiciaire, même si son sort reste suspendu aux voies de recours. Lui, empêché par la règle qui lui interdit de briguer un troisième mandat consécutif.

Même si, dans l'esprit de nombre de proches d'Emmanuel Macron, il ne s'agit que d'une parenthèse. Car ils ne font même plus semblant. Avant, les conseillers du chef de l'État évitaient le sujet ou en parlaient comme d'une blague. La Constitution interdit au président de se représenter en 2027, mais il pourrait très bien tenter un retour en 2032. Depuis que le pouvoir s'évapore des pièces de l'Élysée, la perspective est devenue très sérieuse. En petit comité, ses fidèles en parlent de manière décomplexée, imaginent des scénarios, font des plans sur la comète. Macron lui-même ne s'en cache plus. À l'un des rares qui ont effleuré le sujet de l'après, il a répondu : « On prépare 2032 ! » L'air de plaisanter, alors qu'il ne plaisantait pas du tout.

Même en public, il a vendu la mèche. En mai 2025, à la fin de sa longue émission sur TF1, il donne l'impression de décompresser alors que les caméras tournent encore, et lâche à Gilles Bouleau qui l'interroge sur 2032 : « Quand j'aurai fini, je réfléchirai à la suite... Mais aujourd'hui j'ai pas réfléchi. » Trois mois plus tôt, une autre séquence télévisée a été moins commentée. Alors qu'Emmanuel Macron fait visiter l'Élysée et sa décoration à un présentateur de CNN, celui-ci lui demande ce qu'il emporterait s'il pouvait choisir une œuvre en partant. « Vous savez quoi ? Je prendrai juste mon stylo, et je recommencerai », répond en anglais le président. Suit un grand sourire satisfait.

Les différents cercles de Macron se tirent sans arrêt dans les pattes et s'épuisent dans de picrocholines guerres d'influence. Mais tous ses proches sont sûrs d'une chose, qu'ils assènent unanimement : quand « leur » président ne sera plus là, « on aura un choc de niveau », comme le parie le communicant Clément Léonarduzzi. Les successeurs potentiels paraîtront bien falots. C'est faire peu de cas des réalités de la fin de règne. Les records d'impopularité, le second mandat transformé en crise politique permanente, la multiplication des appels à la démission… Tout cela semble disparaître comme par enchantement. Après tout, poursuit l'entourage énamouré, même ceux qui détestent Macron le reconnaissent : il travaille, connaît ses dossiers, maîtrise les grands et les petits sujets, est capable de répondre à toutes les questions. Et puis il incarne la fonction. Ce n'est pas donné à tout le monde.

Auprès d'un proche, Richard Ferrand a déjà usé d'une métaphore footballistique pour décrire la dépréciation qualitative que, selon lui, les Français ressentiront : « Avant on avait Zidane, là on a Domenech ! » Un passionné de foot justement, Bruno Roger-Petit, serine aux journalistes la même théorie : « En 2027, quand les gens verront le casting, ils diront : "Y'a que ça ?" »

« À partir de 2027 s'ouvre un entracte dans la vie d'Emmanuel Macron », ajoute le conseiller mémoire, qui ne manque jamais une occasion de rappeler que l'intéressé aura alors 49 ans. « L'âge de François Mitterrand quand il s'est présenté pour la première fois à la présidentielle. » Quasiment l'aube d'une vie.

Que va-t-il faire ? D'abord, retrouver un peu d'estime chez les Français. C'est une certitude : un jour, Emmanuel Macron sera populaire. Ça ne tient pas à lui. Cela relève presque des lois de la physique, surtout quand on est resté dix ans au pouvoir. Il y aura une nostalgie Macron. Après tout, il avait une tête de vainqueur et il était sympa. Pour les ados devenus adultes, il sera le président de leurs jeunes années. Pour les adultes devenus seniors, il sera cet homme rassurant qui sait encore parler un français convenable. « Vous deviendrez une valeur refuge, comme l'or pendant la guerre », l'a déjà flatté le visiteur du soir Pierre Charon.

Autre certitude : Emmanuel Macron voudra revenir. C'est, là aussi, une règle d'airain. L'Élysée est le crack le plus addictif qui soit. Le manque est trop pénible, la désintoxication pratiquement impossible. Giscard et Sarkozy ont vainement tenté le retour. Hollande en rêve depuis 2012.

C'est pour cela que, dès 2017, François Bayrou a été convaincu qu'Emmanuel Macron voudrait revenir une fois qu'il aurait quitté le pouvoir, ou plutôt que le pouvoir l'aurait quitté.

« Il sera meilleur après qu'avant, prédit-il. En 2017, il n'avait pas l'expérience, il n'avait pas vécu tout ce qu'il a vécu désormais[1]. » À son allié centriste, le président a déjà fait miroiter un scénario : Bayrou pourrait lui succéder à l'Élysée pendant un quinquennat, avant son retour forcément triomphal. De quoi rappeler, toute proportion gardée, Medvedev succédant brièvement à Poutine pour lui garder la place au chaud au Kremlin. Bayrou n'a pas été dupe de ce hochet agité devant lui pour le faire patienter à la porte des responsabilités. Plutôt que de se préparer à l'Élysée, il a préféré réclamer Matignon, et a réussi son coup.

Macron estime que son opération retour sera beaucoup plus compromise si le Rassemblement national lui succède au pouvoir. Des proches tissent volontiers la comparaison avec Barack Obama, dont les deux mandats ont été brutalement réduits en cendres par le choc Donald Trump. Il ne choisira pas son successeur, mais cela l'arrangerait si ce dernier ne faisait qu'un seul mandat. C'est aussi pour cela qu'il a déjà agité l'hypothèse Jean Castex.

En attendant, il faudra bien s'occuper. Un conseiller l'a déjà entendu temporiser : « Je prendrai six mois pour réfléchir. » C'est à peu près ce que disait Angela Merkel quand la presse allemande la tannait sur sa vie d'après. Dans le cas d'Emmanuel Macron, le conseiller en question n'en a pas cru un mot. Un jour, il rigole devant un autre visiteur : « Je ferai un truc très médiocre,

1. Entretien avec l'auteur le 23 juillet 2025.

comme ça on ne pourra pas comparer ! » Là encore, il ne pense pas une seconde ce qu'il dit.

Les idées d'activités qui défilent dans son entourage n'ont rien de très original. Créer une start-up dans le domaine de l'éducation, comme il a déjà projeté de le faire avant 2017 en compagnie de Julien Denormandie et Ismaël Emelien, qui deviendront de discrets artisans de ses campagnes. Lancer un fonds d'investissement. Animer une fondation. Tout ça à la fois. Se dessine en tout cas une vie confortable où il irait de conférence rémunérée en événement caritatif, façon Tony Blair ou Barack Obama. L'ancien banquier d'affaires gagnera très bien sa vie, mais ne fera probablement pas l'erreur de retourner chez Rothschild. Ne rien compromettre pour la suite.

Avec Brigitte, ils ne sont pas d'accord sur l'endroit où habiter, après dix ans cloîtrés dans les appartements privés de l'Élysée ou la résidence de la Lanterne. Sûrement pas au Touquet. Pourquoi ne pas s'installer un temps à l'étranger, où Macron est bien plus apprécié que dans son pays ? Il ne faudrait tout de même pas donner l'impression de s'exiler. De passer pour les émigrés apeurés qui ont quitté la France après 1789.

Quoi qu'il en soit, il restera politiquement dans les parages. Il ne pourra pas s'en empêcher. Certains proches se marrent en imaginant un troisième acte Macron-Le Pen en 2032. Après l'entracte, donc. Lui rentré de sa retraite forcée, elle revenue d'une peine d'inéligibilité. Pas sûr que les Français se marrent autant.

Brigitte Macron a parfois cette formule : « Mon mari ne se retourne jamais. » Pas question d'admettre une erreur ou de ressasser les rendez-vous manqués. On a vu à quel point l'optimisme délirant du président pouvait se confondre avec un déni de réalité confondant. Cela n'est pas nouveau. Richard Ferrand se souvient de ce sinistre week-end de manifestations des gilets jaunes pendant lequel il était resté à l'Assemblée nationale, qu'il présidait. Le Palais-Bourbon était menacé d'être pris pour cible. Il se rend alors à l'Élysée, en traversant une place de la Concorde intégralement bouclée. Il trouve un Emmanuel Macron tout sourire. Alors que Ferrand s'inquiète de la gravité de la situation, le président rétorque : « Mais non, ça prouve que ce pays est plein d'énergie ! Il faut juste savoir la canaliser… » Il en faudra de la foi, pour s'imaginer réussir ce qu'aucun ancien président n'est parvenu à faire.

22

Un parfum de 1958

> « Le politiquement correct est la langue artificielle de gens qui tremblent à l'idée de ce qui pourrait arriver s'ils arrêtaient de se mentir. »
>
> Pierre Manent

Des gouvernements qui défilent à vitesse stupéfiante. Des ministres qui arrivent et s'en vont sans qu'on les distingue vraiment entre eux. Un personnel politique qui s'enfonce dans les combinaisons de courte vue. Des partis incapables de s'entendre. Une Assemblée nationale fracturée et paralysée. Un président de la République qui ressemble à un roi nu. Des institutions qui inspirent au peuple défiance ou indifférence. Des réformes nécessaires laissées en suspens. Une économie en difficulté et des comptes publics en piteux état. Une crise avec l'Algérie et des ferments de guerre civile.

Cela ne vous rappelle rien ? Bien sûr, ce serait forcer le trait que de vouloir expliquer à toute force que nous sommes en 1958, au moment où la IVe République épuisée a chuté sous le poids des événements. L'histoire ne se répète pas, même en farce. Mais certains parallèles sont frappants.

Crise de régime ? Pas si simple. Ce serait dédouaner les acteurs politiques en rejetant la faute sur des institutions supposément périmées. Or, de manière remarquable, les institutions gaulliennes tiennent. Elles se maintiennent debout face aux vents contraires. Elles encaissent vaillamment les chocs de l'instabilité et de la médiocrité.

Parmi les nombreux signes de l'atmosphère crépusculaire qui a vite gagné le deuxième quinquennat Macron, l'un s'observe physiquement dans l'hémicycle de l'Assemblée nationale. Les députés ne viennent plus. Ils ne s'embarrassent plus de venir discuter de textes inintéressants dont le sort se joue souvent à quelques voix, en fonction des dernières manœuvres politiciennes. Ils arpentent leurs circonscriptions pour s'assurer une réélection. D'autant que la perspective d'une nouvelle dissolution est loin d'être écartée. Ils craignent que la foudre retombe, alors ils dressent les paratonnerres. Tout vaut mieux que l'odeur de cendre qui a envahi les palais de la République.

Emmanuel Macron n'a jamais considéré le Parlement, longtemps vu comme une simple chambre d'enregistrement, quand il ne se mue pas en machine à indignations stériles. Mais il n'aura que contribué à la décrépitude parlementaire. À l'Assemblée, nombre de députés sont très lucides sur la situation. À l'image de ce qui se passe dans le pays, l'amertume et le désabusement triomphent.

Prenez Harold Huwart, qui siège dans les rangs du groupe Liot, ces électrons libres tendance centristes. Normalien, énarque, agrégé d'histoire, il n'a pas pour autant passé toute sa vie dans les ouvrages érudits, puisqu'il a aussi été maire de Nogent-le-Rotrou, en Eure-et-Loir. Il est très conscient du bourbier dans lequel s'enfonce la vie politique. « Le Parlement aujourd'hui, c'est Verdun en 1916, tranche-t-il. On va de motion de censure en 49.3. On a atteint un point dramatique de refus de l'exécutif de gouverner et d'humiliation du Parlement. On sature l'ordre du jour de sujets totalement secondaires, avec des textes sur les frelons asiatiques ou les ascenseurs en panne. Et les grands débats ont lieu en dehors du Parlement[1]. » L'historien de formation avertit : « La IVe République s'est délitée en quinze jours. Mais notre situation est l'inverse de la IVe République, parce que le régime est solide. Nous avons une classe politique minable capable de couler des institutions qui semblaient insubmersibles. »

Parfois, on en viendrait presque à souhaiter que tout cela explose pour de bon. C'est ce que Bruno Le Maire, par exemple, annonce depuis un certain temps. Écoutons celui qui est resté sept ans ministre de l'Économie sous Macron exposer sa théorie : « Nous payons trois chocs démocratiques qui ont ébranlé le régime républicain. Le premier, c'est Le Pen au second tour le

1. Entretien avec l'auteur le 4 mars 2025.

21 avril 2002. On ne s'en est toujours pas remis. On fait toujours barrage au lieu d'apporter des réponses. Le deuxième, c'est le non au référendum de 2005. Le vote du peuple a été contourné par le traité de Lisbonne, ce qui a discrédité la représentation parlementaire. J'en prends ma part puisque j'étais député et j'ai voté pour. Et le troisième choc, c'est la dissolution. Ce que le président n'a pas mesuré, c'est qu'il l'a infligée à un corps affaibli et malade. C'est l'étincelle dans le baril de poudre, même si les effets peuvent être lents. Les murs chancellent mais nous vivons un calme trompeur. Notre monarchie technocratique est devenue insupportable d'inefficacité et d'arrogance. Ça va de la voiture avec gyrophare qui trimbale un secrétaire d'État aux doublons incompréhensibles entre les collectivités[1]. »

On connaît donc le discours que Le Maire servira aux Français – en tout cas ceux qui écoutent encore les politiques – pour tenter d'être candidat en 2027. En attendant, celui qui a trouvé un job dans le privé à la sortie de Bercy préfère s'éloigner de la vie politique opérationnelle. « La maison va s'effondrer sur ceux qui sont dedans », prédit-il.

Y a-t-il désormais plus d'« effondristes » que de bâtisseurs ? Non seulement le niveau baisse, mais les vocations risquent de se tarir. En tout cas, celles de personnalités de qualité. La faute à cinq lettres honnies de ceux qui gouvernent ou ont gouverné : HATVP, comme Haute Autorité pour la transparence de la vie publique, cet

1. Entretien avec l'auteur le 14 mai 2025.

organisme créé sous François Hollande dans la foulée du scandale Jérôme Cahuzac pour inspecter et publier les déclarations d'intérêts et de patrimoine des responsables publics. La transparence est devenue la règle, au risque de dissuader les aspirants à la vie politique. Ainsi se matérialise un double effet de barrage. Les plus modestes sont interdits d'accès aux carrières publiques, la faute à un ascenseur social défaillant. Les plus aisés redoutent de franchir le pas, la faute à l'importation de mœurs scandinavo-anglo-saxonnes qui viennent heurter notre tempérament latin. Le résultat, c'est que le vivier de talents se rétrécit dangereusement.

Le plus navrant, c'est que la terreur qu'inspire la HATVP est inversement proportionnelle à son efficacité, puisqu'elle ne dispose pas de véritables moyens de contrôle. Il n'empêche : d'Édouard Philippe à Gérald Darmanin, de Bruno Le Maire à Bernard Cazeneuve, tous vilipendent en privé ces règles tatillonnes. Même Emmanuel Macron, qui se présentait en 2017 comme celui qui allait laver plus blanc que blanc, vomit désormais la tendance à la moralisation à outrance, mais aussi la sévérité des juges, qui se sont attaqués à plusieurs de ses proches.

À force, beaucoup de politiques souscriraient facilement à cette observation de Balzac dans *Illusions perdues* : « Parmi les bizarreries de la société, n'avez-vous pas remarqué les caprices de ses jugements et la folie de ses exigences ? Il est des personnes auxquelles tout est permis : elles peuvent faire les choses les plus déraisonnables ; d'elles, tout est bienséant, c'est à qui justifiera leurs actions. Mais il en est d'autres pour lesquelles le monde est d'une incroyable sévérité ; celles-là doivent faire tout bien, ne jamais ni se tromper, ni faillir, ni même laisser échapper une sottise ; vous diriez des statues admirées que l'on ôte de leur piédestal dès que l'hiver leur a fait tomber un doigt ou cassé le nez ; on ne leur permet rien d'humain, elles sont tenues d'être toujours divines et parfaites. »

Reste une objection : il est tout à fait possible de gagner sa vie sans vendre son carnet d'adresses au plus offrant ou sans toucher les jetons de présence de conseils d'administration. La mondialisation du marché des dirigeants a produit des rémunérations qui font tourner la tête de nos politiques. Eux aussi ressentent un déclassement. Mais c'est ainsi : l'intérêt général paie moins que McKinsey.

Dans cette histoire, les arroseurs sont arrosés. La classe politique paie la facture des lois qu'elle a elle-même votées, dans un grand élan de démagogie, pour apparaître irréprochable. Elle paie surtout son manque criant de prise sur le destin de la France et des Français. Il faut lire et relire les mots de Michel Rocard dans une interview au *Monde*, le 7 mars 2004 : « La profession politique ne bénéficie plus du respect qu'on avait pour elle du temps où elle passait pour efficace, c'est-à-dire du temps du plein-emploi. Aujourd'hui, on nous insulte, on nous veut pauvres et on nous moque. Nos rois aussi avaient leurs bouffons. Mais le bouffon du roi n'entrait pas dans la cathédrale. Aujourd'hui, les bouffons occupent la cathédrale et les hommes politiques doivent leur demander pardon. Ce qui fait que ne viendront plus que les ratés de leur profession. »

C'est peut-être la faillite la plus flagrante de la promesse d'Emmanuel Macron en 2017. Il voulait renouveler les visages et les usages, balayer la vieille classe politique décrédibilisée par ses bavardages sans lendemain, pour la remplacer par une action moderne et efficace. Comme ses prédécesseurs, il s'est heurté à l'impuissance publique et à l'essoufflement démocratique. C'est en partie de sa faute, lui qui s'est retrouvé piégé par un « en même temps » obérant toute ligne claire. C'est aussi à cause de l'époque, son brouhaha médiatique, son enchevêtrement de verrous juridiques, son *Zeitgeist* décliniste sur fond de fin de civilisation.

Emmanuel Macron tente de compenser par son talent oratoire et sa parole assertive, à défaut d'être performative. Il sait que le public choisira bientôt quelqu'un d'autre dans le premier rôle, mais sa pièce de théâtre continuera jusqu'au bout. Au commencement était le verbe. À la fin aussi.

Remerciements

Merci en premier lieu à la cinquantaine de personnes – membres du gouvernement, parlementaires, chefs de parti, candidats plus ou moins déclarés, conseillers et autres utiles éclaireurs – qui ont accepté de répondre à mes questions pour nourrir ce livre.

Merci à Muriel Beyer et Laurent Nunez pour leur accompagnement enthousiaste dans cette nouvelle aventure éditoriale, ainsi qu'à toutes les équipes des Éditions de l'Observatoire pour leur professionnalisme.

Merci à Alexis Brézet pour sa confiance, à Vincent Trémolet de Villers pour ses encouragements et ses précieux conseils. Merci à tous mes collègues du pétaradant service politique du *Figaro* emmené par Jim Jarrassé : avec eux, l'actualité est moins lourde et la politique se termine toujours en rires. Un merci particulier au joyeux camarade Arthur Berdah, qui m'a fait bénéficier de ses tuyaux d'expert ès faune macroniste ; au compère d'écriture Wally Bordas, qui connaît les joies et les angoisses du manuscrit à rendre ; au voisin de bureau Loris Boichot, qui partage avec le même enthousiasme ses infos et ses gâteaux.

Merci à l'équipe de choc 100 % féminine qui m'entoure d'affection à la maison. Elles sont l'essentiel. Tout le reste n'est que littérature, et encore !

Table

Composition et mise en pages
Nord Compo à Villeneuve-d'Ascq

CET OUVRAGE
A ÉTÉ ACHEVÉ D'IMPRIMER
SUR ROTO-PAGE
PAR L'IMPRIMERIE FLOCH À MAYENNE
EN SEPTEMBRE 2025

N° d'impression : 107710
Imprimé en France